誰が

マスコミ権力を止めるのか

愛と勇気のジャーナリズムⅡ

「ザ・リバティ」編集長
HSUビジティング・プロフェッサー
綾織次郎

「THE FACT」メインキャスター
HSUビジティング・プロフェッサー
里村英一

まえがき

２０１６年４月から、ハッピー・サイエンス・ユニバーシティ（以下、ＨＳＵ）で、未来創造学部がスタートしました。このなかの政治・ジャーナリズム専攻コース向けに、『愛と勇気のジャーナリズム――「ソクラテス的人間」を目指して』を同年３月に発刊しました。本書はその続編に当たるものです。

前著は、神仏の目から見たジャーナリズムの理想をストレートに書いている面がありましたので、一般的なジャーナリズム論とはかけ離れているものがあったかもしれません。それでも、日々マスコミから押し寄せてくる情報とどう接すればいいか宗教的な観点が得られるものだったのではないかと思います。

本書は、現代のマスコミの問題点を明らかにして、どう改革していったらいいのかについて提案したものです。本文中で、既存のメディアに対して厳しい指摘や批判も行っていますが、それらも、「民主主義を守る」というマスコミ本来の尊い仕事をいかにして成し遂げていくかという問題意識からきていることをご理解いただければと思います。

第一章は、「第一権力」「現代の神」とも言われる「マスコミ権力」の現状を解説しています。第二章は、そのなかでも影響の大きい左翼的なマスコミの問題点を述べています。

第三章は、政治家や著名人を〝現代の辻斬り〟のように葬《ほうむ》る週刊誌ジャーナリズムについて、ネットオピニオン番組の「THE FACT（ザ・ファクト）」メインキャスターの里村英一さん（幸福の科学専務理事〔広報・マーケティング企画担当〕兼HSUビジティング・プロフェッサー）が執筆しました。

第四章は、テレビ・メディア業界の問題点と今後の方向性について、「THE FACT」プロデューサーの奥津貴之さん（幸福の科学メディア文化事業局部長兼HSUレクチャラー）がまとめています。

第五章は、「マスコミ権力」と政府が一体となって全体主義的傾向が強まった場合、どうやったら「自由」を取り戻せるかを検討しました。（綾織が第一、二、五章を担当）

いずれも、「人間の幸福や社会の幸福を実現するジャーナリズムとはどういうものなのか」という問題提起です。さまざま提案を行っていますが、これらはHSU創立者であり幸福の科学グループ創始者でもある大川隆法総裁が構想・構築されている「未来創造学」という新しい学問に基づいています。日々、ご指導くださっている大川総裁に心より感謝申し上げます。

また、編集に当たってはＨＳＵ出版会のみなさんに尽力いただき、本当にありがとうございました。

本書を手に取ってくださった、日々マスコミに触れる読者・視聴者の立場のみなさんも、マスコミ関係の方々も、共に幸福な未来社会の創り方を考えていけたら幸いです。

２０１６年９月27日

「ザ・リバティ」編集長

ハッピー・サイエンス・ユニバーシティ　ビジティング・プロフェッサー

綾織次郎

目次

目次

第五章

マスコミの「黙殺権」全体主義を打ち破る……綾織次郎

※文中、特に著者名を明記していない書籍に
ついては、原則、大川隆法著となります。

第一章

誰がマスコミ権力を止めるのか

綾織次郎

1 肥大化するマスコミ権力

憲法に規定されていないマスコミ権力

第一章では、「誰がマスコミを止めるのか」と題して、ジャーナリズムとしての正しさの探究を前提にしつつ、マスコミの現状と問題について洗い出していきます。

現在、マスコミは立法・行政・司法の三権に並ぶ、あるいはそれらをも超える権力として存在していると言ってよいでしょう。もちろん、マスコミには尊い仕事があります。マスコミは主権者である国民に情報を提供します。主権者であるにもかかわらず、国家や公共のことについて何も知らなければ大事な判断ができません。また、国家権力が強くなって国民を弾圧するような時には、それを批判するという機能もあります。

その意味で、マスコミは必要があって存在しており、既存のメディアも一定の役割を果たしていると言えます。

しかし、マスコミもまた「権力」である以上、何もチェックを受けなければ、行き過ぎてしまう危険があるのです。例えば、マスコミは「何が正しいのか」「真実とは何か」を自在に決め、狙いを定めた個人や組織を抹殺しようとすることがあります。

それは、現在ただ今、ますます猛威を振るっています。その一つの例として挙げられるのは、STAP細胞に関する研究で不正があったとして糾弾《きゅうだん》された小保《おぼ》方晴子《かたはるこ》氏の事件です。小保方氏の論文の不備が明らかになると、彼女はマスコミから人格攻撃を含めた〝一斉砲火〟を浴び、研究者として追い落とされてしまいました。しかしその後、ドイツの大学の研究チームが（細胞の種類や条件は異なるものの）ＳＴＡＰ現象の再現に成功しました。ＳＴＡＰ細胞研究の本質を外したマスコミ報道に重大な疑念が生じています。

一度火が点いてしまうと、誰もマスコミ権力の暴走を止められないという事態が、この小保方氏の問題を含めて、これまで数多く発生しているのです。

大川総裁は、マスコミの権力が肥大化している問題点について、以下のように解説しています。

問題は、（中略）日本国憲法にも明確に規定されていない「マスコミ権力」というものが出てきたことです。このマスコミ権力が、自由な言論人のような立場でありつつも、巨大な権力機構の一つとして立ち上がり、政府をいくらでも壊せるぐらいのところまで来ているのは事実でしょう。しかし、これについては制度的な限界もなければ、防波堤《ぼうはてい》もありません。事実上、「ない」状態なのです。

『ハイエク「新・隷属への道」』20－21ページ

現状として、巨大な「マスコミ権力」を止めるものは何もないということが指摘されています。

もちろん、マスコミが尊重されるようになったのにはそれなりの理由があります。日本においては明治以降、近代的なジャーナリズムが発展してきましたが、戦前のジャーナリズムは政府からかなりの制約、あるいは弾圧を受けてきた歴史があります。

例えば日清戦争、日露戦争、その後、中国大陸で起こった戦争について、政府の方針に反対する言論人や新聞は統制の対象になり、時には発禁処分もありました。1940年代になると、検閲が厳しく行われるようになりました。

終戦後も言論統制は変わりませんでした。日本のメディアは占領下で検閲を受け、戦時中と同様に言論が不自由な状態が続きました。

このように、戦前・戦中・戦後と言論の自由というものが著しく抑圧されてきた歴史があったために、その後は「言論の自由を守らなければならない」という潮流が大きくなりました。憲法21条には、「集会、結社及び言論、出版その他一切の表現の自由は、これを保障する」とあります。これにより戦後の民主主義を支える大事な権利であるという認識が広がりました。

しかし、今ではそれが行き過ぎて、マスコミは大川総裁が述べているような巨大な権力になっています。

「現実の政治は、もはや三権分立にはなっていない。少なくとも、憲法には明記されていない権力が明らかに存在する」ということです。

その権力の一つは「マスコミ権力」です。これは、かつては第四権力と言われていたものですが、今では現実的には第一権力であると言われています。

この第一権力のいちばん厄介なところは、「無名の権力であることが多い」

という点です。誰が意思決定者なのかが、はっきりしないのです。

すなわち、これは、ある意味で、〝シロアリの大群〟のようなところがある権力です。「突如、一斉に襲いかかってきて、家の柱などを食べていき、家を壊すぐらいの強さがあるが、去っていけば、まったくいなくなる」というようなところがあって、いったい、誰が、どう決めて、どう動いているのかが、もうひとつ分からない権力なのです。

そして、この権力は、憲法上、明確には権力として規定されていません。

『政治に勇気を』37－38ページ

憲法21条で保障されている「言論の自由」は、あくまでも国民の権利として保障されたものであり、新聞社やテレビ局の権利というわけではありません。

しかし、マスコミの現状を考えてみると、立法・行政・司法という三権の上に、極めて強い力を持っている「第一権力」としてマスコミが存在していると言ってよいでしょう。これは、現行憲法が制定された時にはまったく想定されていなかった事態です。

現代の〝救世主〟であることを競うマスコミ

マスコミの役割は本来、権力を悪用する者や不当に利益を得ている者、法の抜け道を使っている者などを告発することにあります。宗教的に言えば、「悪を押し止め、善を推し進める」ことにあると言えるでしょう。

ただ、現在は、「悪を押し止める」「悪を粉砕する」という機能が肥大化していて、「善を推し進める」ことのほうが弱く、それに伴ってさまざまな混乱が起きてきています。

その「第一権力」としてのマスコミとは具体的にどういうことなのか。大川総裁は『幸福の科学興国論』でこう述べています。

マスコミは、国会議員を、選挙で落とすこともできれば、当選させることもできるのです。したがって、国会議員のパトロン（後援者）となることもできれば、国会議員を葬《ほうむ》り去ることもできるわけです。そうしたマスコミという権力が、いま生まれているのです。選挙型民主主義が、これほどマスコミの支配下に置かれるということは、五十年前の憲法制定時には予想されていなかった事態です。

行政に関しても同じことが言えると思います。マスコミは、政治家に対して、毎日のように真向《まっこう》から批判を加えています。これも、国会議員としての身分と連動していますので、政治家はマスコミの批判には非常に弱い体質がありま す。（中略）

第三権力の司法権はどうでしょうか。裁判所は、独立した権力を完全に持っているのかというと、残念ながら、裁判所はいまマスコミの植民地と化しています。なぜならば、裁判官が判断する材料となる国民世論なるものが、これまた新聞やテレビによってつくられたものだからです。（中略）
すなわち、司法権である裁判の領域も、情報源を活字メディアにほとんど委ねているので、まったく判断ができず、マスコミに踊らされている状態に近いと言えます。

『幸福の科学興国論』17－21ページ

このように、マスコミは立法・行政・司法の三権を〝支配〟しつつある「第一権力」となっています。それにとどまらず、「現代の神」のようになっています。

それは、世の中の価値観を決め、人々の幸・不幸を左右しているところがあるからです。

マスコミ同士でも国民への影響力を争っていますが、これは、宗教間の教義論争のようなものが、今はマスコミの間で起きていて、「誰がメシアか」ということを競争しているような状況と言えるでしょう。

世論の形成過程の研究者であるドイツのエリザベス・ノエル＝ノイマンは、「孤立への恐怖」という概念を指摘しています。

マスコミが特定の意見を集中的・優勢的に報じると、それと異なる意見を持つ人たちが沈黙してしまい、マスコミが報じている内容に〝正当性〟が出てきます。そうなると、社会的孤立を恐れる人たちはますますマスコミの報道に賛同し、自分の意見を表明しなくなります。結果的に、特定の意見が大きくなり、圧倒的多数派の世論がつくられ、それに逆らうことができない状況が生まれてくるということです。（佐藤卓己《たくみ》著『メディア社会』131-132ページ）

「同調圧力」とも言うべきこの現象は、日本ではよく起こります。

例えば、2009年に民主党政権が誕生した時は、民主党への「政権交代」を前提とした報道が繰り返されていました。民主党政権が誕生した結果、政治的な混乱が生まれ、国際政治的にもさまざまな問題が起こりました。

こうしたマスコミによる「情報操作」の危険性については、1920年代に、ジャーナリズムの古典『世論』で指摘されています（W.リップマン著『世論（下）』165-213ページ参照）。情報操作によって特定の方向に国民の意識を動かし、幸・不幸を左右するという問題は、100年近くも続いているわけです。

ここまでくると、まるでマスコミが善悪を決める宗教のようです。戦後の日本では、マスコミが宗教を日陰の存在のように扱ってきましたが、その代替物《だいたいぶつ》として存在しているのがマスコミです。すなわち、「現代の救世主」のような位置づけをマスコミが担ってしまっているということです。

2　マスコミの「黙殺権」

「報道しない」ことによる情報統制

続いて、「マスコミの黙殺権」について考えていきます。

黙殺権というのは、マスコミがある特定の事象について「とり扱わない」「報道しない」ことによって、その出来事がなかったことにできるという〝権利〟のことです。「報道しない権利」とも言えますが、マスコミが報道しないことは、大多数の国民に伝わりませんので、情報操作、世論操作ができてしまうわけです。この「黙殺権」という概念は、大川総裁のオリジナルの考え方です。

例えば、1995年にオウム真理教による地下鉄サリン事件が起こったことで、戦後続いている「宗教に対する黙殺」が強まりました。

幸福の科学は91年ごろからオウム真理教の危険性を指摘し、95年の地下鉄サリン事件の直前にも、オウム施設への強制捜査を訴えて二の足を踏んでいた警察を動かしました。そうした〝実績〟があるにもかかわらず、幸福の科学と、宗教を名乗った犯罪者集団であるオウム真理教が、同列に扱われたのです。

「黙殺権」は、左翼的なメディアが行使することが多いと言えます。

２０１５年６月に開かれた自民党国会議員の勉強会で、作家の百《ひゃく》田《た》尚《なお》樹《き》氏が、「沖縄の二つの新聞は潰さなあかん」と発言しました。出席した国会議員がそれに同調し、「マスコミを懲らしめるために広告収入をなくせばいい」と発言しました。これに対して沖縄の新聞を中心に、「言論弾圧だ」と騒ぎになったことがあります。

実は、発端となった百田氏の発言は、沖縄のメディアの「黙殺権」を強く意識したものでした。実際、２０１４年11月に投開票が行われた沖縄県知事選挙の時は、沖縄のメディアが全面支援をして翁長雄志《おながたけし》知事を誕生させたという経緯があります。

その沖縄メディアは、安全保障や歴史問題では「米軍基地は危険だ」「日本軍は沖縄県民を犠牲にした」という見方に基づく報道ばかりで、それ以外の意見や考え方は基本的に報道しません。「米軍基地によって沖縄がまた戦場になる」などという報道は繰り返し行う一方、中国の軍事的脅威についてはほとんど報道しません。

こうしたことは沖縄の新聞のみならず、左翼的と言われるような新聞ではよく行われています。

「黙殺権」の行使ということでは、2016年夏、東京都知事選の報道において、象徴的なことが起こりました。本来、全21人の候補者を公平に報道すべきテレビや新聞が、鳥越俊太郎《とりごえしゅんたろう》、増田寛也《ますだひろや》、小池百合子《こいけゆりこ》の3氏だけに絞って、ほかの候補をとり上げず、「主要3候補」として連日報道したのです。

テレビについて、投票が迫った7月18日から22日にかけて、各候補の報道に費やした放映時間を調査すると、「報道ステーション」「NEWS ZERO」「NEWS23」「ユアタイム」など民放の主要なニュース番組はどれも3候補だけで97～98％、そのほかの18候補は合わせても2～3％と、驚くべき不公平さが明らかになりました。

一方、新聞はどうでしょうか。7月25日付の大手新聞（読売、朝日、日経、産経、東京）が各候補の報道に費やした〝面積〟を比較すると、3候補が99％、他18人の合計が1％でした（ザ・リバティWeb　2016年7月25日付）。これでは都民にとって、3候補以外は存在しないも同然です。

日本新聞協会の「新聞倫理綱領」は「正確で公正な記事」を求め、テレビ放送に関係する放送法は「政治的に公平であること」（第4条2項）を求めていますが、都知事選の報道がこれらの条項に反していたことは明らかです。マスコミが黙殺権を用いて、世界を歪め、有権者の判断を誘導していることは大きな問題と言えます。

『世論』を著《あらわ》したウォルター・リップマンは、「我々が問題とする環境は様々に屈《くっ》折《せつ》させられている」と言い、それを「擬似環境」と呼びました。「メディアを通して世の中を見ることで、私たちが見ている世界は、真実そのものではなくなっているのだ」ということです。そして、メディアの読者・視聴者は、特定のステレオタイプ、思い込み、紋切り型の思考にとらわれてしまっているという指摘をしています。（W. リップマン著『世論（上）』29-30、109-156ページ参照）

そういう紋切り型の思考が読者や視聴者に形成されると、今度はメディアはそれに沿って報道することで、販売部数や視聴率を伸ばすことができるという構造になっています。

こうしたメディアの「黙殺権」について、大川総裁は『正義の法』でこのように指摘しています。前著『愛と勇気のジャーナリズム』でもとり上げましたが、大切な論点なので、繰り返し引用します。

メディア・リテラシーの問題点の一つとして、
マスコミの「黙殺権」があります。
これについては誰も指摘していないし、
教科書にも参考書にも書いていないでしょう。
ただ、民主主義社会とマスメディアの関係における
いちばんの問題点は、
マスコミの持っている「黙殺権」だと思うのです。
つまり、黙殺したら、
実際上、存在しないことと同じになってしまうわけです。
たとえ四百人であっても、
「戦争法案反対」と言いながら、
プラカードを掲げてデモをしているところを、
夕刊に写真を載せたり、テレビで流したりしたら、

そのデモは存在するし、国民が反対しているように見えます。
ところが、逆の立場のデモを何千人でやっても、
テレビや新聞が一切報道しなかったら、
このデモは存在しないのと、ほとんど同じなのです。
マスコミは、この「黙殺権」というものを
けっこう自由に使っていますが、
ここが点検されていません。

『正義の法』218-220ページ

メディア研究の専門家である佐藤卓己氏は著書『メディア社会』において、私たちはメディアを「ニュースを伝達してくれる装置」だと考えており、情報を選別し、不必要なニュースを排除して、情報を過剰に与えないための機能があると述べています。その機能を、メディア論では「ゲートキーパー（門番）」という言葉で説明

しています。（同書166ページ）
ゲートキーパーが単に情報の交通整理をやっていて、必要な情報だけを私たちに伝えてくれるのなら極めて有益ですが、「黙殺権」というかたちで恣意《しい》的に情報を選んでいることが問題なのです。
「言論・出版の自由」「表現の自由」「報道の自由」とは正反対で、「黙殺権」は、「言論の自由を行使しない自由」と言えますから、情報統制の一つです。国民の幸福を生み出すものになっていません。
各マスコミが独自の報道をし、多様な情報が伝わればよいのですが、実際には新聞社やテレビ局は横並びの報道をしています。「黙殺権」が横並びで行使されることによって、強固な情報統制の状態が生まれているのです。

宗教に対する黙殺

そうした「黙殺権」が行使されているなかで、もっとも厳しい扱いを受けているのが宗教です。

宗教関連の報道と言えば、仏教や神社などの伝統的行事に関するものばかりです。踏み込んだ宗教の中身についての報道はまずありません。その結果として、日本人には、神仏を軽んじる唯物論的な風潮が広がっています。

一方、海外では全く違います。アメリカでは、日曜の午前中などにテレビでキリスト教の説教が流れます。宗教専門チャンネルも数多くあり、24時間放送しています。世界的に有名なカリフォルニア州サドルバック教会のリック・ウォレン牧師は、アメリカ3大テレビネットワークの番組にたびたび出演し、失業対策や世界の孤児問題について宗教的な立場から意見を述べています。アメリカのメディアは、「宗教は善なるものである」という立場に立ってごく普通に報道をしているのです。

宗教を「悪」と位置づけて「黙殺権」を行使している日本のメディアは、世界的なスタンダードからは外れていると言えます。

大川総裁は以下のように語っています。

日本のマスコミは、宗教を事実上、悪に仕立てているところがあるね。「見せない」「知らせない」ということによって、判断する能力を育てる機会を国民から奪っているために、日本人は宗教の善悪が分からない。いい宗教というのは、人間性を高め、社会をよくしていくものだと、素直に考えることができないでいる。

でも、「人の命の大切さ」と言っても、根本に宗教的なものがなかったら、単なる空論にしかすぎない。「人権」の本当の意味が分かるかどうか、という問題だね。

『未来をひらく教育論』76－77ページ

マスコミが「善悪の基準を教えている宗教を報じない」ことで、国民は善悪がわからなくなっているのです。なぜ宗教を黙殺するのかというと、宗教の善し悪しが判断できないからでしょう。例えば、オウム真理教をよい宗教であるかのように報道していたのに、地下鉄サリン事件のような悲惨な事件が起きました。確かに、宗教の善悪を判定するのは難しいことかもしれませんが、それがわからないために、宗教をひとまとめにして日陰へと押しやろうとしているのです。

宗教に対する黙殺は、極めて危険で重大な問題に発展していきます。

典型的なのは、チベット問題です。チベットは、チベット仏教が盛んな土地ですが、無神論・唯物論国家である中国の支配下に入ってから、過酷な宗教弾圧が行われています。その様子は、「セブン・イヤーズ・イン・チベット」という映画に克明に描かれています。この映画はオーストリア人登山家の自伝を元にした作品で、無宗教の考え方が支配するといかに人の命を軽く扱うかという実例です。

宗教を排除したあとには、「人間は物であり、用が済んだもの、役に立たないものはたたき壊される」という人間機械論の世界が到来するのです。

したがって、宗教の悪い面を指摘するばかりでなく、宗教のよい面も認める必要があります。宗教は、人間をはじめ、生き物の生命《いのち》や幸福を守る力、幸福な生涯を全うさせる力を持っています。宗教には、こうした人権の防波堤としての意味があるのです。

『「幸福の革命」講義』85ページ

また、無神論・唯物論の国では「言論の自由」もないということも指摘しておきたいと思います。

「信教の自由」は、すべての人権の出発点です。「信教の自由」から出発して「信仰を告白する自由」が生まれました。自分が何を信じるかを言明しても迫害されないということです。「信仰告白の自由」は、「伝道の自由」につながりました。次に、同じ信仰を持つ者同士で、「教会を建てる自由」というのが認められるようになりました。

こうして人権の概念が成立し、やがて、宗教以外のところにも幅広く認められるようになって、「思想・信条の自由」「言論・出版の自由」「集会・結社の自由」、さらには「政治活動の自由」まで広がっていったのです。それが近代国家の自由の権利の発展過程です。（拙著『GDPを1500兆円にする方法』108ページ以降参照）

その歴史的経緯を見る限り、宗教を黙殺するという報道姿勢は、マスコミが、「言論の自由」という自分たちの土台を突き崩していると言えます。

報道されなかった幸福実現党

宗教に対する「黙殺権」と同じレベルで、幸福の科学を母体として設立された幸福実現党に対する「黙殺権」も行使されています。この影響は極めて重大なものがあります。

幸福実現党は2009年に立党し、同年の衆院選で全国に300人以上の候補者を立てました。しかし、大手マスコミ全社が取材したのにもかかわらず、立党のニュースはほとんど報道されませんでした。テレビも在京キー局はすべて幸福実現党のCM放映を拒否しました。大手新聞で候補者を紹介する際も党名は記されず、「諸派」で一括りにされました。

その時のメディア側の言い分としては、「政党助成法（や公職選挙法）の要件を満たさず、助成金を受けていなければ政党としては認められない」というものでした。しかし、政党とは主義主張を同じくする人たちが集まって政治活動を行うために結成する団体のことです。「集会・結社の自由」は憲法上でも認められた権利であるのに、政党助成法で政党を定義しようというのはおかしなことです。政党助成金を受給できるかどうかは、政党かどうかということにはまったく関係のないことです。

その後立党した大阪維新の会は、政党助成法の政党要件は満たしていなかったのですが、盛んに報道されました。公正な判断はされておらず、恣意的に報道したりしなかったりしているのです。

中部地方のあるブロック紙は、候補者の人柄や経歴を紹介する横顔記事で幸福実現党の候補者を紹介せず、新聞社主催の立候補予定者討論会にも呼びませんでした。民主主義の精神に反するものと言えます。

その結果、幸福実現党の候補者は、有権者訪問の際、「新聞に出ていなかったから立候補したことを知らなかった」と言われたそうです。まさに「黙殺権」によって「なかったことにされた」のです。

最近では、幸福実現党を報じる新聞も増えてきましたが、変化のない新聞もあります。

「黙殺権」によって損なわれた国益

幸福実現党への黙殺は、選挙報道だけではありません。同党は2015年、ユネスコへの記憶遺産登録問題で、中国が申請した「南京大虐殺」などの資料がいかに杜撰《ずさん》であったのか、ユネスコの審査がいかにいい加減なものであったのかを記者会見を開くなどして明らかにしました。

しかし、新聞やテレビは一切報道しませんでした。

報道したのは、記憶遺産への登録が決まってからでした。「南京大虐殺」に関する資料を記憶遺産に登録されるということは、国民にとっては、日本の誇りを貶《おとし》められる重大事です。登録が決まる前に、マスコミ報道によって国民的議論を喚起すべきものでした。これは「黙殺権」によって、国民の利益が大きく損なわれた例と言えるでしょう。

消費税の問題でも同様のことが起こっています。

消費税は、２０１４年４月に８％に増税されました。その後、２０１４年度の経済成長はマイナス０・９％になりました。にもかかわらず、「２０１７年４月から消費税をさらに10％に増税すべきだ」と大手マスコミはこぞって報道していました。財務省の考えをそのまま報道しているようなものです。

消費増税の悪影響を知りながら財務省と一体化している状況では、マスコミの使命を果たしていないのではないでしょうか。

その背景には記者クラブの存在があるでしょう。

記者クラブとは、大手マスコミを中心につくっている組織です。記者クラブを通じて官公庁の記者会見が行われるので、記者クラブに加盟しているメディア以外の記者は参加することができません。雑誌記者、フリーライター、海外メディアなどは、基本的には参加できない仕組みになっています。

アメリカの場合は、ジャーナリストであれば記者証が発行され、官公庁の記者会見に参加できるようになっていますが、日本にそういう仕組みはありません。

財務省にも記者クラブがあり、加盟しているメディアは財務省側からいわば独占的に情報提供を受けます。新聞社の論説委員なども記者クラブを通して提供された情報を元に社説を書いています。消費増税報道での「増税は国際公約だから、増税をやめると約束違反で市場が混乱する」「社会保障の財源を確保するには増税が必要だ」という論調の出所は、財務省です。

こうした大きな政策課題については、自分で調べて、「やはり増税はするべきではない」という論陣を張る記者がいてもおかしくないのですが、そういう人は極めて稀《まれ》です。

マスコミが政府と一体化して、「マスコミ省」とでもいうべき政府機関の一つであるかのように報道している部分があるのです。

さすがに海外からは、「これはおかしい」という意見が出ています。OECD（経済開発協力機構）は日本の記者クラブについて、「情報を独占し、非関税の貿易保護政策に当たる閉鎖的な組織」として批判しています。日本外国特派員協会（FCCJ）も、記者会見の開放を求めて再三抗議を続けています。

民主主義においては、マスコミによる国家権力に対する監視が期待されていたわけですが、その重要な機能は、少なくとも日本においては失われつつあります。これは、ある意味で「民主主義の死」を意味します。

3 マスコミ権力と宗教

世界一の新聞大国は、どのようにして生まれたか

「現代の神」となったマスコミ権力をどのようにして抑制すればよいのでしょうか。

ここで、マスコミの業界構造について概観してみましょう。

日本の新聞社の場合、世界的に見て発行部数が異常に多いという特徴があります。実は、世界でもっとも部数が多いのが、読売新聞です。2位が朝日新聞、3位がインドのザ・タイムズ・オブ・インディア、4位が毎日新聞、5位が日本経済新聞です。（2011年の調査）

では、世界的に有名なウォール・ストリート・ジャーナルはどのぐらいかというと、約209万部です。ニューヨーク・タイムズで約115万部です。この部数は、日本であれば地方紙のレベルです。

少し前のデータですが、日本の新聞社110社の総発行部数は5044万部で、一社あたり46万部です。ところが、アメリカは日本の約13倍の新聞社があり、総発行部数は4857万部です。一社あたり3万4千部です。（大治朋子《おおじともこ》著『アメリカ・メディア・ウォーズ』4-5ページ参照）

部数で見る限り、日本は世界でもダントツのレベルにあるのです。アメリカは小さい新聞社が多く、それだけ多様性が確保され、自由な言論活動が行われていると言えます。

なぜ日本の新聞が巨大化したかというと、戦前から政府主導で新聞の統廃合が進んだからです。1940年の段階では、「萬朝報《よろずちょうほう》」など伝統のある新聞もあったのですが、次々と統廃合され、同時に販売網も統合されていきました。その結果、現在の大手紙の体制ができました。

なぜそうしたかと言えば、そのほうが政府として言論機関の統制をしやすいからです。地方紙も、基本的に一つの県に一つです。もともとはもっと多くの新聞があったのですが、一県一紙になるように統廃合されたのです。

その結果、日中戦争が勃発した1937年には全国で1200の新聞があったのが、終戦時の1945年には57紙に減っています（佐藤卓己著『メディア社会』87ページ参照）。

もちろん、統廃合は政府主導で行われたことであり、マスコミを責めるわけではありませんが、結果的に現在の新聞の体制は、戦時中や占領下のような言論統制と極めて親和性の高い状態になっているのです。

マスコミの経営体制の問題

また、新聞やテレビは政府によって保護された業界であることにも触れておきたいと思います。新聞や出版物に関しては販売店や書店には価格の決定権がありません。「何割引」という売り方が原則認められていません。これを再販制度と言います。特に新聞の場合は、独占禁止法上の特殊指定によって、新聞が売れ残っても販売店は返品ができません。書店からの返品が可能な出版物と比べて、守られていると言えます。

一方、テレビ局は政府から放送免許を与えられており、厳格に参入規制がかかっている業界です。東京に拠点を置くキー局（地上波の民放）は五つありますが、1960年代から増えていません。本来なら、公共の電波の利用はもっと開放されてもいいのです。規制を緩和して何百ものチャンネルをつくってもいいはずですが、現実にはできていません。つまり、既存のテレビ局は政府から手厚い保護を受けているわけです。

問題は新聞・テレビが政府の保護を受けながら、特定の一族が各メディアを〝支配〟しているということにあります。

例えば、朝日新聞の主要株主を見ると、朝日新聞社従業員持株会《もちかぶかい》、テレビ朝日に続いて村山美知子氏、上野尚一氏、村山恭平氏といった個人名が並んでいます。村山・上野両家は創業者の一族です。

読売新聞は基本的に情報を公開しておらず、詳しくはわからないのですが、読売中興の祖・故正力松太郎《しょうりきまつたろう》氏の一族が多くを所有していると言われています。毎日新聞は従業員持株会と栃木県の下野《しもつけ》新聞が大株主だと言われていますが、詳細は不明です。産経新聞はフジテレビやニッポン放送が大株主ですが、ニッポン放送の大株主は元フジサンケイグループ会議議長の鹿内宏明《しかないひろあき》氏です。

大手紙はいずれも株式公開をしていませんので、株主構成がよくわかりません。

オーナー一族が大きな影響力を持っているのは明らかですが、その一族が何を考えているかは表に出てきませんから、大手紙がどのような思想を持ってメディア経営しているのかは一般にはわかりません。親族経営が絶対にいけないとは言えませんが、影響力の強い言論を発するならばその思想をある程度公開する必要がありま す。つまり、「現代の神」とも言えるような大きな影響力を持っているにもかかわらず、その経営は透明性に欠けているのです。

成文法ではない「マスコミ法」がある

日本のマスコミが、言論統制しやすい体制にあること、特定の一族が各メディアを〝支配〟していて、不透明であることを指摘してきました。マスコミの経営体制の改革については、第五章で述べていきますが、ここではマスコミの判断基準について見ていきます。
大川総裁は『政治の理想について』で、こう指摘しています。

〝マスコミ法〟というものは、成文法ではない〝法律〟です。「こういう場合には善になり、こういう場合には悪になる」と書いたものは何もなくて、そのときに、「記事が売れる」と判断した場合にはその批判は善、「売れない」と判断した場合には記事に書くことが悪になります。それだけのことであり、マスコミ法によって処断されて善悪が決まるのです。

「記事になる」ということであれば、それを追及することが正義であるとされます。「記事が売れない」と見たら、それはボツにされ、不問となるのです。

『政治の理想について』85ページ

2016年6月、東京都知事だった舛添要一《ますぞえよういち》氏がホテル宿泊や美術品購入に政治資金を流用《りゅうよう》したために、マスコミからバッシングを受けて辞任に追い込まれました。政治資金規正法から見て違法性はなかったにもかかわらず、「マスコミ法」によって「悪」と判断されたわけです。

「マスコミ法」は明文化されていないため、前もって対処することができません。似たようなことをしている政治家はほかにもいると推測されますが、舛添氏は「アウト」と判定され、ほかの政治家は「セーフ」とされています。

これは明らかに「言論の自由」「出版の自由」の名の下になされた、恣意的な判断です。しかし、「言論の自由」の本来の意味をとり違えているのではないでしょうか。

「言論・出版の自由」というのは、「公権力からの自由」「国家権力からの自由」、すなわち国家権力による検閲や圧力からの自由なのです。要するに、「言論・出版の自由」というのは、「国家権力が出版物に対して、検閲したり、発刑を中止させたりすることは明確な法律違反（例えば刑法一七五条に規定されている、わいせつ文書頒布《はんぷ》罪）などの公序良俗《こうじょりょうぞく》や公共の福祉に反する例外を除けば一般的に危険である」と言っているのです。

ですから、「言論・出版の自由」というのは、特定の個人や団体、企業に対する自由ではありません。この個人や団体、企業に対しての「言論・出版の自由」は、日本国憲法が予定している自由ではないのです。これは、一般的な道徳律のもとに判断されることなのです。

『幸福の科学興国論』27－28ページ

もちろん東京都知事には大きな権力があるわけですが、一政治家としてのお金の使い方をめぐってマスコミが集中攻撃すれば、簡単に辞任に追い込まれます。その意味で、都知事もマスコミ権力の前では「一個人」になってしまいます。

しかし、マスコミに特定の個人や団体、企業を社会的に葬り去ることができる特別な権利があるわけではありません。自由には責任が伴います。マスコミに求められているのはむしろ、一般常識や道徳に則って行動すべきだということです。日本のジャーナリズムの先駆けの一人である福沢諭吉《ふくざわゆきち》は、「時には個人批判を書くこともあるだろうが、後ろめたくて相手の顔を正視できないようなものを書くことを『陰弁慶《かげべんけい》の筆』と名づけ慎むよう徹底した」と言います。

福沢にはこんなエピソードも遺っています。戦前に財界人・政治家として活躍した池田成彬《しげあき》が時事新報の論説記者として活躍していた時に、朝鮮問題に関して非常に強硬な外交論を書いたことがあります。それを見た福沢は「自分が外務大臣になったらやれる、ということでなかったら書くものじゃない」と言って厳しく叱ったそうです。

戦後に首相となったジャーナリスト、石橋湛山《たんざん》は、戦前にこの話を聞き、「自ら実行しうる確信ある主張をし続けたところに、福沢諭吉の偉大さがある」と述べたそうです。（北康則著『福沢諭吉 国を支えて国に頼らず（下）』85ページ）

要するに、批判する相手に面と向かって言えないことや、自分がその立場に立ってできないことは書くべきではないということを福沢は主張しました。それがジャーナリストに求められる倫理観であるということです。

マスコミは判断基準を示すべき

少なくともマスコミは、報道する際の基準というものをあらかじめ明らかにしておくべきでしょう。大川総裁はマスコミの大きな影響力に鑑《かんが》みてこう指摘しています。

マスコミは、政治に関しても、物事の善悪についても、意見を言ってよいけれども、判断の根拠を示しなさい。何をもって善とするのか。何をもって悪とするのか。いかなる倫理基準を持っているのか。それをはっきりさせなさい。

誰が独裁者であり、誰の意見で決めているのか。決めている者は、出てきて説明せよ。説明責任を果たしていないであろう。

『光と闇の戦い』83ページ

また、大川総裁の守護霊も次のように述べています。

「言論・出版の自由」は、日本国民個人にも許されている権利であり、もちろん、宗教団体にも許されている権利であり、他《た》の者にも許されている権利である。そこから、マスメディアという特権階級が権力を持つ根拠を、特に見出すことはできないと思う。

ところが、彼らは、選挙に関して権能を行使することができるため、実質上、「神」の姿を演じているのではないかと思われる。

また、善悪の基準も、ここから出てきているように思う。

そうであるならば、マスコミは、自分たちが拠《よ》って立つところの、その哲学なり、道徳なり、あるいは宗教なり、善悪の判断の根拠を示すべきである。
その根拠なくして、「売れるかどうか」「評判になるかどうか」ということだけをもって判断を下すのであるならば、政治家に対して「ポピュリスト」と批判できるだけの地位を、マスコミに与えることはできないと考える。

『大川隆法の守護霊霊言』33－34ページ

大川総裁は、2009年に発表した「新・日本国憲法 試案」に、次のような条文を盛り込んでいます。

〔第十二条〕 マスコミはその権力を濫用してはならず、常に良心と国民に対して、責任を負う。

『新・日本国憲法 試案』17ページ

マスコミは社会的に必要なものですが、それが第一権力と言われるほど肥大化しているのであれば、やはり憲法上、適正な位置づけを規定しておく必要があるということです。

善悪の価値判断の根源にあるのは宗教

ただ、実際に、マスコミが判断基準を示せるかといえば、難しいかもしれません。判断基準を示すには、大きな勇気が必要だからです。

そこでマスコミ権力に軌道修正を求める必要があります。その役割を担う一つが宗教です。

前著『愛と勇気のジャーナリズム』で詳しく述べていますが、本来、善悪の価値判断の根源にあるのが宗教です。多くの宗教は神仏やあの世の存在を説き、死んだのち、あの世に還ると天国と地獄に分かれると教えます。そこから善悪というものが生まれてきます。

19世紀フランスの政治思想家トクヴィルは、『アメリカの民主政治』でこう述べています。

「世論は権力のうちの第一位の、そして最も不可抗的な権力としてますます出現してくるが、宗教を除いてはこの世論の打撃に対して、永い間抵抗できるほど強力な支柱は、他のどこにも存在していない」（同書60 - 61ページ）

つまり、宗教こそがマスコミ権力の暴走から身を守る砦《とりで》であるということです。

これまで述べてきたように、マスコミは社会のあらゆる問題に対して善悪の価値判断をしているにもかかわらず、その判断基準を示していません。であるならば、宗教が発信する価値判断や意見にも耳を傾ける必要があるのではないでしょうか。

啓蒙的手段としての宗教

その意味で、マスコミ改革ということも大事なのですが、宗教がその使命を果たすことでマスコミを啓蒙することができるのではないかという視点も大事になります。

もちろん、マスコミが現在の政治に与える影響は大きいと思います。ただ、根本は何かといえば、それは「価値判断」です。

そして、その価値判断のもとにあるのは、「何が正しいか」ということだと思うのです。

遠い昔のことについて、「何が正しかったか」ということは、過去を振り返ってみれば、分からないわけではありません。しかし、現在ただいま、あるいは、これから起きる未来のことに関して、「何が正しいか」を断言するのは、非常に難しいことであろうと思います。

その意味において、私は、もうマスコミを責めるつもりはありません。政治家が本来の使命を果たせていないのならば、やはり、「宗教家が、先陣を切って、責任を取り、使命を果たすべきである」と考えています。

『この国を守り抜け』196-197ページ

したがって、来世紀以降の未来社会をつくっていくために、宗教の果たすべき役割は明らかです。それは、宗教が第五権力となって、すべてのものを支配する時代ではありません。宗教は、この知識社会が高度に気品あふれる洗練された社会となるように、人々の精神を健全に育てていく方向で、知識社会が開花する方向で、戦いを続けていかねばならないと思います。

ですから、啓蒙的手段としての宗教というものが、ますます根を張らなければいけません。そして、その根の張り方は、日本一国にとどまるのではなく、グローバル・ウェブ（地球的な蜘蛛《くも》の巣）とでもいうべき、地球全体に蜘蛛の巣のように張りめぐらされた啓蒙勢力でなければならないと思います。

『幸福の科学興国論』82－83ページ

宗教とは「仏神の心を映すもの」であり、だからこそ、そこから「善とは何か。悪とは何か」という基準が現れてくるのです。つまり、善悪の価値基準を明らかにし、その基準に基づいてジャーナリズムに軌道修正を求めることが宗教の使命になります。

マスコミが何らかの価値判断をする際には、学者にまず話を聞くことが多いのですが、現代では多くの学者が善悪の判断を避けています。それだけにマスコミが自ら最終的に示す価値判断が重要となります。ドイツの社会学者マックス・ウェーバーは、著書『職業としての政治』でこう述べています。

「ほんとうに優れたジャーナリストの仕事には、学者の仕事と同程度の『精神』が必要とされる」（同書63ページ）

「ジャーナリストの仕事は学者の仕事と比較してはるかに大きな責任を負わされている」（同書63ページ）

つまり、ジャーナリストは、本来、学者が果たすべき使命をも引き受けるべきです。

だからこそ、神仏の考えを明らかにしている宗教には、人々の幸福を実現する方向で価値判断を示し、「現代の神」とも言えるマスコミに対し啓蒙していく使命があるのです。

【主な参考文献】

大川隆法著『ハイエク「新・隷属への道」』幸福の科学出版
大川隆法著『政治に勇気を』幸福の科学出版
大川隆法著『幸福の科学興国論』幸福の科学出版
大川隆法著『正義の法』幸福の科学出版
大川隆法・大川咲也加著『未来をひらく教育論』幸福の科学出版
大川隆法著『「幸福の革命」講義』幸福の科学
大川隆法著『政治の理想について』幸福の科学出版
大川隆法著『光と闇の戦い』幸福実現党
大川隆法著『大川隆法の守護霊霊言』幸福の科学出版
大川隆法著『新・日本国憲法 試案』幸福の科学出版
大川隆法著『この国を守り抜け』幸福実現党

早稲田大学ジャーナリズム教育研究所編 『レクチャー 現代ジャーナリズム』早稲田大学出版部
佐藤卓己著『メディア社会』岩波新書
W．リップマン著『世論（上）（下）』岩波文庫
綾織次郎著『愛と勇気のジャーナリズム』HSU出版会
綾織次郎著『GDPを1500兆円にする方法』幸福の科学出版
大治朋子著『アメリカ・メディア・ウォーズ』講談社現代新書
北康則著『福沢諭吉 国を支えて国に頼らず（下）』講談社文庫
トクヴィル著『アメリカの民主政治』講談社学術文庫
マックス・ウェーバー著『職業としての政治／職業としての学問』日経BPクラシックス

第二章

左翼ジャーナリズムの功罪

綾織次郎

1 今も健在な左翼ジャーナリズム

左翼ジャーナリズムに偏る日本のマスコミ

本章では、現代日本のジャーナリズムのなかでも、特に左翼的なジャーナリズムの問題点について述べていきます。

左翼的なジャーナリズムは、戦後、日本を主導していた社会主義的な論調のジャーナリズムで、今なお日本で大きな影響力を持っています。それが日本を幸福に導くものであればいいのですが、残念ながら、不幸を生み出している部分が大きいのが現状です。

1991年、大川総裁は日本のマスコミについて、このように懸念していました。

私は、日本のマスコミのあり方を大いに憂《うれ》える者です。唯物論、無神論の牙城《がじょう》であった左翼ジャーナリズムは、総本山のソ連が崩壊してもいまだ健在ですし、一方、資本主義を謳歌しているかに見えるバブル型マスコミ（講談社など）も、なりふりかまわぬ、欲得商業主義の、現代版バアル信仰（拝金主義的悪魔信仰）です。双方とも、日本の世紀末現象の立て役者ですし、日本の政治・経済・宗教を破壊した主犯でもあります。

『理想国家日本の条件』あとがき

ここでは、「唯物論、無神論の牙城であった左翼ジャーナリズム」について考えていきましょう。

新聞では、東京新聞、毎日新聞、朝日新聞などが左翼的だと言われます。中道に位置する日本経済新聞や読売新聞であっても意外に左翼的な記事を書くことがあります。右寄りとされる産経新聞であっても1990年前後に「バブル潰し」の記事を盛んに書いていましたから、左翼的な論説に近くなることもあります。

テレビは基本的には左翼的な論調が強いと言ってよいでしょう。

国益に反することを報道している

日本国憲法には、「幸福追求権」が規定されています。「すべて国民は、個人として尊重される。生命、自由及び幸福追求に対する国民の権利については、公共の福祉に反しない限り、立法その他の国政の上で、最大の尊重を必要とする」というものです（憲法第13条）。これは、どんな人でも極端に不幸な状態で放置されることがないように一人ひとりの幸福を大事にするという趣旨です。左翼ジャー

【図表1】 **マスコミのスタンスの違い**

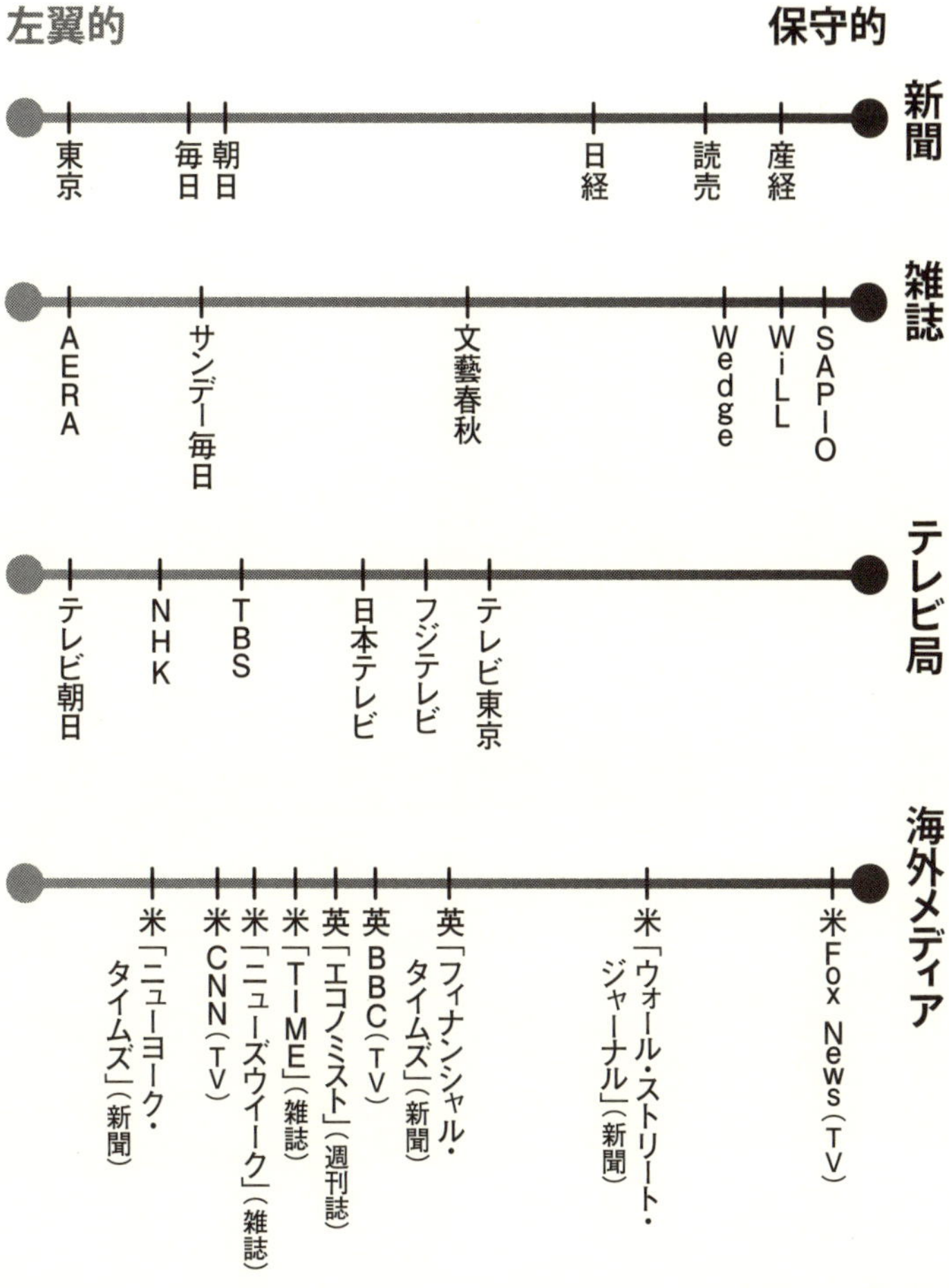

（「ザ・リバティ」2014年1月号より）

ナリズムは幸福を追求することの大切さを基底に置きながら、弱者救済を重視した報道をしていますが、これはよいことでしょう。

ただ、もう一段広い視点で考えていった時に、問題点も浮かび上がってきます。それは「国益に反することを報道している」という点です。

古代ギリシャの哲学者プラトンは、理想の国家をつくる要素として、「政治家の智慧」「軍人の勇気」「商人の節制」の三つを挙げました。これは『国家』という著書に書かれています。（プラトン著『国家（上）』314-332ページ参照）

まず「政治家の智慧」ですが、政治家は、正義を実現するのが仕事です。正義を実現するには善悪を峻別《しゅんべつ》しなければなりません。善悪を峻別するには智慧、宗教的な悟りが必要です。つまり、悟りを得た徳ある政治家＝哲人政治家の登場が求められます。

「軍人の勇気」は、自国民の生命と財産を守るためにも、国際的な秩序を守るためにも必要です。

「商人の節制」は、節度ある経済発展に欠かせません。

したがって、この三つは国益という観点から見ても非常に大切なものです。しかし、日本の左翼ジャーナリズムは、政治家、宗教家、軍人、商人の価値を否定的に報道しているのが実情です。

2 国益を損ねてきた左翼ジャーナリズム

宗教の正邪を判断できないマスコミ

一つひとつ見ていきましょう。まず、「政治家の智慧」です。先ほど述べた哲人政治家とは、宗教心を持って国を治めていく政治家のことです。

ところが戦後日本では、「宗教は基本的に扱わない」という姿勢をマスコミは貫いてきました。このため、宗教について報道した場合、判断を誤ってしまうことがあります。

それが端的に現れたのがオウム真理教についての報道でしょう。1990年ごろ、宗教学者らの意見も引用しながら、マスコミはオウム真理教を一定程度評価していました。本来であれば、宗教の正邪を判断する基準は、「信じる人たちが幸福になっていくかどうか」です。しかしこうした〝果実〟の部分を見ることなく、宗教的に見える服装や行動パターンにくらまされ、オウム真理教を応援するかのような報道を展開していました。

最終的に、オウム真理教は大規模なテロ事件を起こしました。この結果、「宗教は悪」という印象が人々に強烈に植えつけられました。そうしてマスコミは、新興宗教については悪いことを起こした時しか報道しないというスタンスになりました。

政治家を〝ギロチン〟にかける

政治家についての報道はどうでしょうか。これについては、「政治家は悪いことをする」という前提で報道をしています。特に「政治とカネ」の問題です。カネ集めに関心がある政治家が存在するのは確かです。かといって、政治資金の収支報告が合わないだけで犯罪者のように扱われるのも極端でしょう。実際、政治家としての能力や仕事の結果責任とは全く関係なく、「政治とカネ」の問題だけで政治家を断罪してしまっています。

2014年10月に小渕《おぶち》優子衆議院議員が、後援会費の問題を追及されて経済産業担当相を辞任しました。同時に、松島みどり衆議院議員が、配ったウチワが公職選挙法の寄付行為に当たるかどうかを追及されて法相を辞任しました。

2016年1月には、甘利明《あまりあきら》衆議院議員も金銭授受をめぐって経済再生相を辞任しました。第一章でも触れましたが、東京都知事だった舛添要一《ますぞえよういち》氏も、政治資金の使い方をめぐってマスコミからバッシングを受けて辞任に追い込まれています。

「政治とカネ」の問題では、古くは1970年代のロッキード事件が有名です。1976年、アメリカ上院の公聴会で、ロッキード社が田中角栄元首相側に賄《わい》賂《ろ》を渡していたことが明るみに出ました。その結果、田中元首相が逮捕され、最終的に1983年10月、東京地裁で懲役《ちょうえき》4年などの有罪判決が下りました。

この裁判では、弁護人の反対尋問の機会が与えられませんでした。たとえ「極悪人」と言われるような犯罪者であっても、反対尋問の機会は保障されるというのが近現代の文明国の常識です。憲法でも、刑事訴訟法でも保障された重要な権利です（憲法第39条第2項・刑事訴訟法第304条第2項）。でなければ、国家権力は自分たちが気に入らない人物を片っ端から有罪にできてしまいます。

にもかかわらず、日本の裁判所は、反対尋問なしに田中元首相に有罪判決を下しました。

なぜ、そのような違憲・違法の疑いが強い行為をしたかというと、マスコミが「田中角栄は悪徳政治家だ」と盛んに報道していたからです。当時、「政治とカネ」について規定する法律が十分なかったこともあって、マスコミが田中氏の金権腐敗ぶりを徹底的に追及していました。批判されてもやむをえない部分もあったのは確かですが、田中氏を擁護するのは許されないという空気をマスコミがつくり出していたため、裁判所は偏った判断をしてしまったのです。

さらに、80年代ではリクルート事件が有名です。1988年、リクルート関連会社が未公開株を賄賂として譲渡していたとして、リクルート社側と賄賂を受けた政治家や官僚が検挙された事件です。この事件についてはのちほど触れますが、関係者は「極悪人」の扱いを受けました。

こうしたマスコミ報道のあり方について、大川総裁は「民主主義の弱点」であると指摘しています。

民主主義の最大の弱点は、「マスコミに悪口を書かれたら、政治家は、どのような権力者であっても、選挙で落選する」というところにあります。政治学者・丸山眞男《まさお》は、こうした民主主義をもって、「永久革命」と呼びました。マスコミは、何年かおきの選挙において、「権力者を〝ギロチン〟にかけ、クビにする」ということを、永遠に続けることができるからです。

それは、悪い為政者、悪い政治家を追放するには有効です。しかしながら、「心ある人たちが、よい仕事をして国を引っ張り、世界を一つにしていこうとするときには、マイナスに働くこともある」ということを知らなくてはなりません。

『国家の気概』198ページ

選挙報道での「マスコミ主権」

選挙報道でもマスコミは極めて大きな影響力を発揮します。国政選挙の時には、「自民、過半数に迫る勢い」などと、各報道機関が競うように結果予測をします。

しかし、公職選挙法138条の3には、「何人も、選挙に関し、公職に就くべき者を予想する人気投票の経過又は結果を公表してはならない」と定められています。マスコミによる世論調査は「人気投票」そのものですが、なぜか〝免罪〟されています。

2009年の衆院選では、連日、「民主党単独過半数」「政権交代」などと報道され、民主党以外に投票することは、まるで悪いことでもあるかのような空気がつくられていました。これは、国民主権と言いながらも、「マスコミ主権」に近い状態になっていると言えます。

選挙報道は特定の方向に扇動《せんどう》するものになっています。この日本の民主主義の現状について、大川総裁は次のように指摘しています。

いま日本も少しそういう感じになって、〝観客民主主義〟というか、二階席から芝居でも見ているような感じの民主主義になってきているので、「少し危ないかな」という感じがしています。もう少し責任感と自覚を持ったものにしていかなければいけないと思います。

そのためには、国民の質というものが非常に大事です。（中略）国民の質をよくするためには、情報の質をよくしなければいけません。

それでは、情報の質をよくするためには、どうしなければいけないかというと、やはり、正しい意見や考え方、あるいは仏法真理に基づいた考え方というものを、多くの国民に吸収していただくことが大事なのです。

これを吸収しないで、週刊誌の言論ばかりを読んでいたら、ほんとうに毒されていきます。あのようなものだけで動かされていたら大変なことになります。それは、ほんとうの意味での民主主義ではありません。扇動されているだけです。扇動型の民主主義であり、きわめて危険で、独裁につながりやすい民主主義です。

『未来への挑戦』93−95ページ

アメリカのジャーナリストであるウォルター・リップマンは、民主主義の基盤となる国民の世論は、マスコミの支配下にあるとし、さらに「合意の捏造《ねつぞう》」も可能だと指摘しました。つまり、世論操作によって、大衆が望んでもいないことを承諾させることができるということです。(W.リップマン著『世論(下)』82-83ページ参照)

先ほど紹介した政治家に関する報道を見ると、「合意の捏造」が頻繁に行われていることがわかります。

正義のない、極端な平和主義

次に、「軍人の勇気」について、日本のマスコミの報道姿勢を見ていきましょう。

2015年、安保法制について盛んに報道されました。これは、将来起こりうる有事に備えて、自衛隊法などの一部を改正し、集団的自衛権などを一部認めるための法律です。左翼側のマスコミは「自衛隊そのものが違憲である」という憲法学者の意見を元に、自民党政権を批判していました。SEALDs《シールズ》という学生運動団体の意見も紹介しながら、日本が戦争を始めるための「戦争法案」だという極端な報道がなされました。

しかし、客観的に日本の置かれた国際環境を考えた時、軍事的に膨張を続ける中国や核武装を進める北朝鮮の脅威を見逃すことはできません。このなかで日本の国防を固めることは急務です。

例えば、ある中国軍事専門家はこのように言っています。「中国指導部は、強大な中華帝国の復活を目指している。清朝最盛期の版図の再現が目標で、もっとも重視しているのが台湾の併合だ。これを毛沢東《もうたくとう》以来の長期的なビジョンで進めており、そのための最大の手段がアメリカに対抗できる核を持つことだ」。

中国は台湾と沖縄を中国領にすることを目指し、さらには、日本全体を中国の自治区にする計画もあるとされるほど、侵略的なプランを持っています。

日本としては、中国に「悪を犯させない力」を持つという意味で、集団的自衛権を認め、自衛隊の装備強化を進めていかなければなりません。

大川総裁は『正義の法』のなかで、次のように述べています。

「正義とは何か」という観点を忘れてはならないのです。
この「正義とは何か」という観点は、
この地上から悪を減らし、正しいものを増やす
ということのために必要です。
「正義」という考えには、
この地上に悪魔の勢力を広げることを押しとどめ、
彼らを教育する効果があるのです。
私は「正義のある平和」を説かねばならないと考えています。

『正義の法』256-257ページ

こうした「正義」の考え方が、左翼ジャーナリズムには欠けているところがあります。平和を愛することは大切ですが、中国による侵略の脅威が目の前にあるにもかかわらず、それに対抗することを無条件に非難するのは極端な平和主義でしょう。これは、日本が武力を持つことを憲法9条によって禁じたアメリカの占領政策の後遺症という側面もあります。

占領時の言論統制を〝守り〟続ける

ここで、連合国軍総司令部（GHQ）の占領政策がどれほど強く日本のマスコミに影響を与え続けているかを見ていきましょう。

ＧＨＱは占領中、新聞やラジオを検閲した上、意図的に「日本の指導者は犯罪人で、アメリカなど連合国はそれを懲らしめた」と報道させる事実上の洗脳を行いました。都市部への無差別攻撃や広島・長崎への原爆投下など国民の戦争被害さえも、「日本の軍国主義者が悪かったため」とされ、「アメリカには責任がない」と国民は思い込まされたのです。

この枠内で新聞などは検閲され、日本が二度とアメリカに歯向かうことがないように誘導されました。

具体的に検閲はどう行われたのでしょうか。１９４５年9月、情報統制の指針としてプレスコードが出されました。これは１９５１年9月に解除されるまで約６年間、日本の言論のあり方を決定づけました。プレスコードには、「極東国際軍事裁判（東京裁判）の批判をしてはならない」「検閲があること自体を報道してはならない」「大東亜共栄圏の宣伝をしてはならない」「アメリカの批判や中国、朝鮮に対する批判をしてはならない」など、細かな指針が30項目示されていました。

それに加えて、日本人に罪悪感を植えつけるために、「ウォー・ギルト・インフォメーション・プログラム（ＷＧＩＰ）」が実施されました。日本人が軍事的に立ち上がれないようにするための洗脳です。これについては、戦後の保守言論人として活躍した江藤淳氏の著作『閉された言語空間』の中で詳しく検証されています。

ＧＨＱによる言論統制から70年以上が経った今でも、左翼ジャーナリズムの報道はプレスコードとＷＧＩＰを守っています。今でも東京裁判についての是非を問うことはありません。中国や韓国への批判は極めて慎重です。「大東亜共栄圏」について肯定的に触れることもありません。

「検閲をした上で、日本を犯罪者扱いする歴史観をメディアを通じて流通させる」というＧＨＱによるメディア統制の枠組みは、現代でもそっくりそのまま機能しているのです。

「軍人の勇気」をとり戻す大川談話

「軍人の勇気」や「正義のある平和」を考える上で、大川総裁が示している歴史認識が参考になります。

2013年に出された「大川談話」を引用します。

〈大川談話―私案―〉（安倍総理参考）

わが国は、かつて「河野談話」（一九九三年）「村山談話」（一九九五年）を日本国政府の見解として発表したが、これは歴史的事実として証拠のない風評を公式見解としたものである。その結果、先の大東亜戦争で亡くなられた約三百万人の英霊とその遺族に対し、由々しき罪悪感と戦後に生きたわが国、国民に対して、いわれなき自虐史観を押しつけ、この国の歴史認識を大きく誤らせたことを、政府としてここに公式に反省する。

先の大東亜戦争は、欧米列強から、アジアの植民地を解放し、白人優位の人種差別政策を打ち砕くとともに、わが国の正当な自衛権の行使としてなされたものである。政府として今一歩力及ばず、原爆を使用したアメリカ合衆国に敗れはしたものの、アジアの同胞を解放するための聖戦として、日本の神々の熱き思いの一部を実現せしものと考える。

日本は今後、いかなる国であれ、不当な侵略主義により、他国を侵略・植民地化させないための平和と正義の守護神となることをここに誓う。国防軍を創設して、ひとり自国の平和のみならず、世界の恒久平和のために尽くすことを希望する。なお、本談話により、先の「河野談話」「村山談話」は、遡《さかのぼ》って無効であることを宣言する。

平成二十五年 八月十五日

『「河野談話」「村山談話」を斬る!』238-239ページ

「大川談話」は、GHQ占領政策でねじ曲げられた日本の歴史観を正し、これから世界の恒久平和を築いていくための正義の価値基準が示されています。

こうした正義の考え方をとり戻すことによって、プラトンが『国家』で説いたような「軍人の勇気」という徳目が復活するのではないでしょうか。

原発報道をめぐる弊害

安全保障の問題に関連して、原発報道も大きな問題を抱えています。

東日本大震災のあと、「福島は放射能汚染で住めない」という論調の報道があふれていましたが、実際には、原発事故の直後から人間が普通に生活して構わない放射線量に落ち着いていたことが当時から検証されています。

こうした報道がなされた背景には、「日本が核兵器を持つことは悪である」という考え方があります。

冷戦時代、ソ連は日本の左翼勢力やマスコミに工作して、「日本は核を持ってはならない」という論調を広げました。アメリカも日本の核武装を望んでいないという事情もありました。現在は、特に中国が日本の核武装を阻止するため、マスコミにさまざまなかたちで影響を与えています。

核兵器と原発はイコールではありませんが、核燃料を扱う技術には共通する部分があり、原発用の核燃料を加工することで核兵器を造ることができます。原発を運用しているということは、いざとなったら比較的短期間で核兵器を開発できることを意味します。こうした安全保障をめぐる国際的なせめぎあいが、原発報道に影響しています。

さらに安全保障に関連して、UFOや宇宙人に目を閉ざしている点も問題です。アメリカの元軍人や元政府高官が明かした情報からは、墜落したUFOの技術的な分析を元にレーザー兵器ができたり、IC技術ができたりしたと言われていま す。反重力装置やテレポーテーション装置などもすでに手に入れているのではないかとまで言われています。

宇宙人の技術に関心を持つことは、国防上欠かせないことで、先進国として超最先端技術を積極的にとり入れていく姿勢が必要でしょう。海外ではそうした下地があって、マスコミはUFOの目撃情報を普通に報道しています。イギリスで2013年7月に飛行機がUFOとニアミスしたという出来事は、米ハフィントン・ポストや英テレグラフ紙などが報じました。

ところが、日本のメディアでUFOが登場するのは、ほとんどがバラエティ番組で、しかも真剣な議論ではありません。マスコミがUFOや宇宙人について報道しないのは、宇宙人の技術が異次元空間や霊的世界の存在を前提としており、それを認めれば唯物論的価値観が崩れるためだと考えられます。

「バブル潰し」報道の弊害

プラトンの提唱した理想国家の三つ目の要素、「商人の節制」に関して述べていきたいと思います。

「商人の節制」を現代風に言うと、企業家が新しい仕事をつくり出し、お金を稼ぎ税金を納めたり、騎士道精神で他の人々のためにお金を使うことはよいことであるという考え方になるでしょう。

では、こうした企業家の経済活動について、日本のマスコミはどのような報道をしているでしょうか。左翼的なマスコミは、「バブルは悪」「格差は悪」ということを盛んに報道しているというのが現状です。つまり、「お金を儲けるのは悪いことだ」としているのです。

1980年代後半、日本が好景気にわき、地価や株価が高騰した時、マスコミは「バブル潰し」の大合唱を起こしました。これを受けて、日銀と大蔵省（現・財務省）が地価と株価を強制的に下落させ、25年以上にわたる超低成長時代を招いたのです。

「バブル潰し」は、「濡れ手に粟《あわ》の金儲けは許せない」という気持ちの表れとも言えますが、その代償はあまりにも大きすぎました。4万円近くまで上がっていた株価は8千円ほどに下落し、資産価値が5分の1くらいになってしまいました。地価は、地域によって違いますがそれ以上に下落しました。

日銀と大蔵省の動きを見ていくと、89年末、日銀では三重野康《みえのやすし》氏が日銀総裁に就任しました。この三重野元総裁が株や土地の価格高騰に〝敵意〟を示し、短期間に三度にわたる公定歩合《こうていぶあい》の引き上げを行いました。公定歩合というのは、日銀が民間の銀行にお金を貸す時の金利のことです。公定歩合を上げると民間の銀行が企業にお金を貸す時の金利も上がるので、企業が資金を借りて土地を買ったり、設備投資したりしにくくなります。実際に、企業による投資は冷え込んで長期的な不況になりました。しかし、マスコミは、大儲けしていた企業を懲らしめる「平成の鬼平」として三重野総裁を英雄視しました。

一方、大蔵省は、銀行の不動産業向け融資に対する総量規制を行いました。これは、銀行が土地取引をする企業に対して行う資金の貸し出しを制限する規制です。これを実行したのが、当時、大蔵省銀行局長だった土田正顕《まさあき》氏です。国会の審議も経ずに大蔵省から一片の通達が各金融機関に届き、全国で不動産取引をやめざるをえないという事態が数多く起こりました。

その結果、土地の値段が暴落しました。不動産業者をはじめ、日本経済全体が大きな痛手を受けました。しかし、マスコミは「土地で儲けていた奴が悪い」といわんばかりに大歓迎したのです。

この時、マスコミの「バブル潰し」に警鐘を鳴らした言論人には、谷沢永一氏や渡部昇一氏、長谷川慶太郎氏らがいますが、大川総裁もその一人でした。

この「バブル潰し」は90年だけではなく、その後も繰り返し行われています。大川総裁は経済的利益に対するマスコミの考え方についてこう指摘しています。


たとえば、二〇〇〇年代に入り、やっと不況から脱出して、緩やかな好景気に入ろうとしたら、「ITバブル潰し」をやっています。最近も、アメリカの金融危機等を受けて大騒ぎをし、小さいバブル潰しを起こして、もう一度、不況をつくり出そうとしています。

このことは、「不況を喜んでいる〝種族〟がいる」ということを意味しています。不思議なことですが、世の中には、不況になると喜ぶ産業があるのです。マスコミのすべてがそうだとは言いませんが、一部には、そういうところもあります。

経済系の新聞や株式新聞などは、好況になると、うれしくて、面白いかもしれません。しかし、社会正義を標榜しているような一般の新聞は、なんとなく面白くありません。「『企業が利益をあげている』ということは、『不正が堂々と行われている』ということである」と考えがちなのです。

これは、時代劇で言うと、悪代官を征伐する感じでしょうか。一部のマスコミには、利益というものが、商人から悪代官に渡される〝千両箱〟のように見えているようです。利益と賄賂の区別がつかないのでしょう。

繁栄した企業は、「その繁栄の道がますます続くように」と考え、たとえば政治献金をするわけですが、それを資金にして政治をすると、時代劇のなかの悪代官が賄賂をもらっているように見えるわけです。

マスコミの一部というか、半分ぐらいは、そうでしょう。役所にも、利益をそう見ているセクションはあります。一生懸命に働いても収入が上がらないようなセクションにいる人は、そう考えがちなのです。

『危機に立つ日本』111-113ページ

「バブル潰し」の結果、90年代以降は、それまでのような高い経済成長率は実現できなくなりました。それでもマスコミの「バブル潰し」の傾向は止まりませんでした。この傾向は、最近では「格差はよくない」という主張に姿を変えて出てきています。少しでも景気がよくなってくると「格差批判」が出てきて、「みんな平等でなければいけない」という報道がなされます。

これは、資本主義の精神が傷ついた状態であり（『常勝の法』第4章参照）、さらに言えば共産主義思想そのものです。

一方で中国は1980年代~2000年代にかけて、共産主義国家にもかかわらず、経済では資本主義的な考え方をとって、高度経済成長を実現しました。そうしてとうとう2009年、日本と中国のGDPが逆転しました。日本が景気後退を始めた1990年代以降は、「失われた25年」と言われています。「商人」の価値、つまりお金を儲けることの価値を否定すると、貧しさがやってくるということです。

企業家を狙い撃ち

マスコミが特定の企業家を狙い撃ちするケースもあります。

例えば、「バブル潰し」の報道があふれる少し前の1988年、前述のリクルート事件が起きました。

日本のマスコミは、成功者を祝福するのではなく、足を引っ張って葬《ほうむ》り去ろうとする報道をする傾向があります。リクルート事件はその典型で、急成長する企業や企業家に対して嫉妬《しっと》したのです。

この事件について、大川総裁は「『本来、法律解釈上は無罪である』と、私は思います」と述べています（『リクルート事件と失われた日本経済20年の謎 江副浩正《えぞえひろまさ》元会長の霊言』22ページ）。法律上、「不遡及《ふそきゅう》の原則」があります。これは、「ある行為をした時に適法であったものが、あとからつくられた法律によって有罪にされるということがあってはならない」という原則です。

しかも、「賄賂」として譲渡されたというリクルートコスモスの株価は、株式公開当初こそ上昇しましたが、事件後は下落していきました。そうなると、何の利益供与にもなりませんから、この事件を有罪とするのは無理があります。

この事件も、マスコミが「リクルート叩き」「江副氏叩き」をしたことによって検察が動き、裁判所も強く影響を受けました。

特定の企業を狙い撃ちにするその他の例として、1998年、月刊「現代」が、日本長期信用銀行が経営危機に陥っているという記事を掲載しました。これに対して長銀は訴訟を起こしましたが、報道の影響があまりに大きく、結局、長銀は破綻してしまいました。長銀の経営危機自体は現実にあったとしても、雑誌の記事一つで銀行を潰してしまうのは行き過ぎでしょう。

成功した企業家や企業の社会的役割について、大川総裁は次のように述べています。

現代では、「お金を儲けている人は悪い人であり、お金のない人は正しい人だ」という考え方は通用しないと思います。成功するためには、それだけの智慧も努力も必要なので、そうした智慧や努力を否定してしまったら、怠け者ばかりの世の中になってしまうのです。（中略）

一方、「チャンスが平等にあり、個人の努力や精進、才覚によって、道を開いていける社会は、よい社会だ」と私は思うのです。

結果として差は出るでしょう。しかし、差が出たからといって、道が開けて成功した人を妬んだり、悪人扱いしたりするような世の中はよくありません。そういう人を肯定し、素晴らしいところは「素晴らしい」と認めるべきです。

ただ、失敗者はどうしても出てくるので、一定のセーフティーネットというか、救済措置は要ると思います。国のレベルや社会のレベルで、最低限の生活は保障しなければいけません。

それと同時に、成功した人が、騎士道精神でもって、何らかの社会還元を行ったり、成功した企業が雇用を増やしたりすることも大事です。

『繁栄思考』19－20ページ

こうした社会をつくっていこうと啓蒙《けいもう》するのが、本来のジャーナリズムの役割です。プラトンは「商人の節度」という言葉を使いましたが、現代的に言い換えるなら、「一人ひとりの自助努力と騎士道精神が大事である」ということです。

「ゆとり教育」はなぜ実現したか

マスコミの「格差批判」に関連して「ゆとり教育」報道も、とり上げたいと思います。

「ゆとり教育」を推進しようという報道は、1990年代に盛んに行われました。「詰め込み教育や学歴競争で子供たちが圧迫されているためにいじめや不登校が起こり、ゆとり教育が必要だ」という議論が展開されました。これは、教育分野での「格差批判」と言えます。

報道だけでなく、実際の政策として実行されました。1992年に文部省（現・文部科学省）の寺脇研《てらわきけん》氏が「脱偏差値」を宣言し、学力競争を否定する改革に着手したのです。そして2002年に学習内容を大幅に削減した新学習指導要領が実施され、「ゆとり教育」が本格化しました。しかし、その結果、子供たちの学力は低下しました。それは、世界で行われている「国際学習到達度調査」での日本の順位に現れています（図表2）。

学力低下が明らかになり、2005年から「ゆとり教育」の見直しが行われ、再び授業時間や学習内容を増やすことになりました。

考えてみれば当たり前ですが、教育では自助努力の大切さを教えることは基本中の基本です。

こうして見てみると、プラトンの言う理想国家の三つの要素である、「哲人政治家の智慧」「軍人の勇気」「商人の節制」のいずれもが、日本の左翼ジャーナリズムによって否定的に報道されているのが実情です。

宗教を否定的に見て、政治家をみな悪人のように扱うことで、哲人政治家のような優れた人材の出現を阻んでいます。命を捨ててでも国を守ることの価値を否定し、「勇気ある軍人」を貶《おとし》めています。そして成功者や富を否定することで、自助努力による経済繁栄の実現を阻んでいます。

【図表2】 ゆとり教育で低下した子供たちの学力

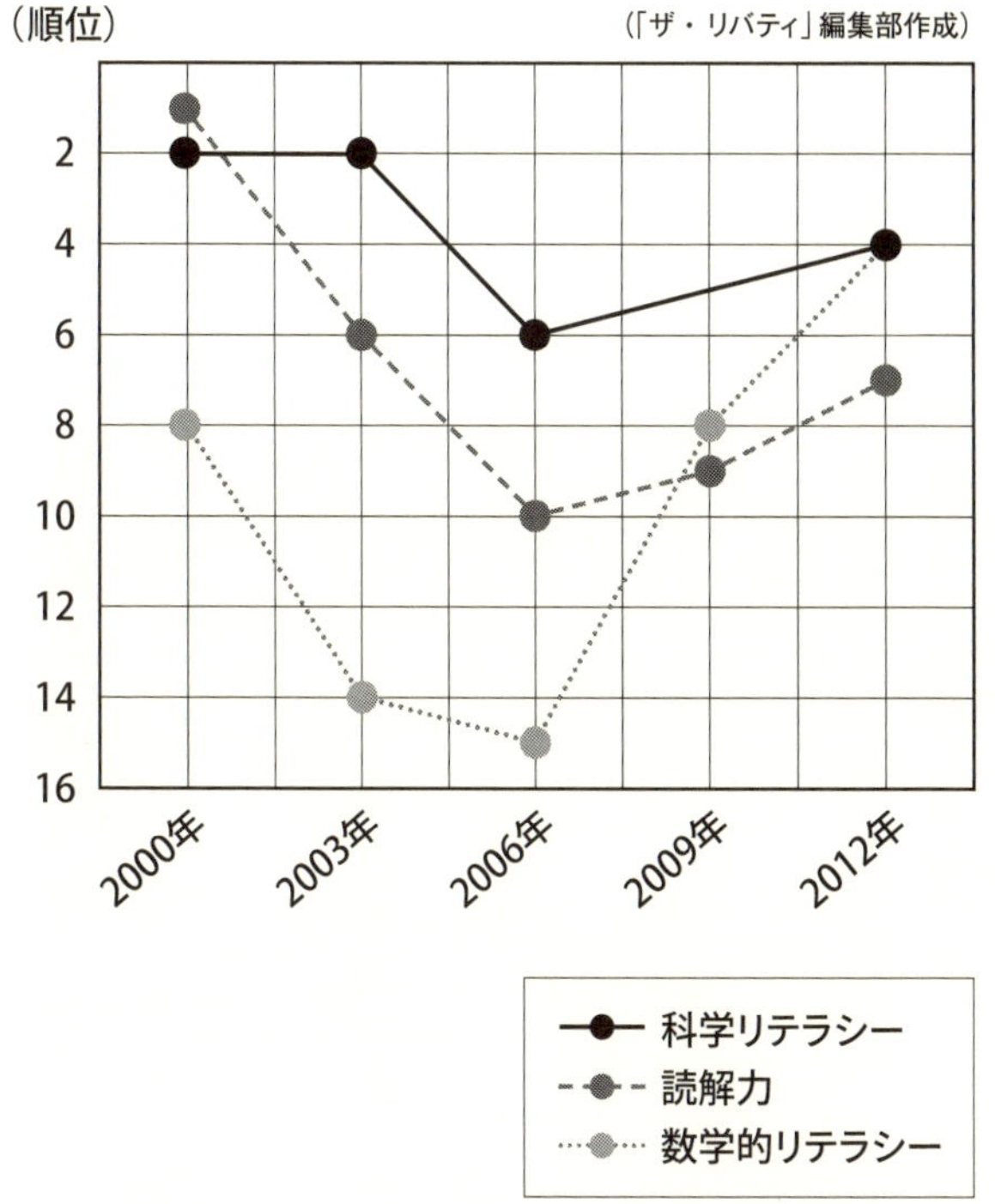

国際学習到達度調査(PISA)における全参加国中の日本の順位。2005年から公式にゆとり教育の見直しが始まり、現場ではその前から少しずつ対策がとられた。授業時間は09年から増やされ始めた。

3 左翼ジャーナリズムの源流

朝日新聞を導いている宮沢俊義

では、そうした左翼ジャーナリズムの源流はどこにあるのでしょうか。

大川総裁は、世論に大きな影響を与えてきたジャーナリストや学者、評論家本人の霊や守護霊の霊言を数多く収録してきました。その結果、左翼ジャーナリズムの中心と言える朝日新聞に強く影響を与えている存在が、宮沢俊義《みやざわとしよし》元東大法学部教授であることがわかりました。戦前から戦後にかけて東大法学部の憲法学を担当した教授で、占領下に「八月革命説」を唱え、ＧＨＱが押しつけた憲法の正当性を擁護した人物です。

「八月革命説」とは、アメリカが日本の全面降伏を求めた「ポツダム宣言」を日本政府が受諾したことによって、天皇から国民に主権が移る革命が起きたとする説です。さらに「ポツダム宣言」は、「日本国民の意思によって政治のあり方を決められる」という趣旨を謳《うた》っており、「主権者の国民が新憲法を制定したのだから、GHQの強制ではない」という立場を主張しました。

宮沢教授は、「八月革命説」を初めて打ち出した雑誌「世界文化」（1946年5月号）で、「日本の政治は神から解放された。あるいは神が——というよりは神々が——日本の政治から追放せられたといってもよかろう」と述べています。

また、同氏の憲法学のテキストにはこうも書かれています。「神勅主権を否定するとは、つまり、政治から神々を追放することであり、政治を宗教から独立させることである」（宮沢俊義著『憲法』74ページ）。宮沢氏は国家神道だけでなく宗教全般が国家から排除されなければならないと主張したのです。

これが憲法20条の政教分離の解釈となり、ここからマスコミの報道姿勢も出てきています。宗教を報じないことで戦後の無神論・唯物論の風潮を強めました。その結果、国民の善悪の判断があいまいになり、人々の不幸をつくり出しています。宮沢氏は軍事・安全保障の面でも戦後の日本を方向づける憲法解釈をしています。月刊誌の論文で、「日本が丸裸になって出直すべき」と書いたほか、「平和国家として永久に軍備を持たぬ国家として立っていくべきという大方針をたてる覚悟が必要」とまで述べています。

この憲法9条解釈が日本の憲法学の主流になり、現在の憲法学者、裁判官、国家公務員、マスコミにも強く影響を与えているのです。左翼的なジャーナリズムは、この憲法学の枠組のなかで報道を行っていると言ってよいでしょう。

左翼ジャーナリズムのもう一つの源流――丸山眞男――

宮沢氏のほかに、左翼ジャーナリズムの源流として、もう一人挙げておかなければならない人物がいます。政治学者の丸山眞男氏です。

丸山氏は、60年の安保反対の理論的リーダーとして、安保世代にはよく知られています。政治的に敗北してジャーナリズムの表舞台から姿を消しましたが、現代にも極めて強い影響力を残しています。例えば、民進党の菅直人元首相や、仙《せん》谷由人《ごくよしと》元官房長官らです。マスコミにも信奉者が数多くいます。

丸山氏の思想のポイントは、次のようなものです。

国家神道はそれ以外の宗教を排除して、天皇制と国家神道が一体となって戦争に突き進んでいった。だから国家神道のような宗教は悪であり、それと一体となって戦争に突き進んだ戦前の国家体制も悪である。そして、それを主導した政治・

軍事指導者も悪である――。

　つまり、丸山氏は、国家神道は悪であり、宗教は国家から離れないといけないと考えました。日本が軍事力を持つことに否定的で、経済では共産主義的な立場をとっていました。プラトンが説いた理想国家の三つの要素をすべて否定していました。丸山氏の理論はマスコミに絶大な影響力を及ぼしていたため、この思想が左翼ジャーナリズムの底流に流れ込んだのです。

　丸山氏は、民主主義のもっとも大事な点は「永久革命」だと説きます。最高権力者のクビを国民が投票でいつでも切ることができることの意義を力説しました。しかしそれは、国民ではなく、「第一権力」となったマスコミによって行使されています。

　こうした左翼ジャーナリズムの源流を点検していった時、国民を不幸な方向に引っ張り込むような方向性が見えてきます。つまり、宮沢氏も丸山氏も宗教的な徳を備えた政治家を否定し、「軍人の勇気」どころか軍事力そのものを否定しています。宗教を否定的に扱い、軍事的なものを忌避《きひ》する。ここに共産主義思想が加わると、戦後の左翼ジャーナリズムが完成します。

第一章で、マスコミが「現代の神」になっていると述べましたが、現代の左翼的なジャーナリズムでは、憲法9条が「神」であり「ご本尊」になっていると言えます。さらには共産主義、マルクス主義も「ご本尊」になっており、これらの合体によって左翼ジャーナリズムの基本的な行動原理がかたちづくられています。

これらの「ご本尊」の観点から「バブル潰し」とは何だったのかを改めて考えてみると、どうなるでしょうか。日本経済が急成長していた1980年代後半は、そのままいけばアメリカ経済をも追い抜けることが視野に入った時期でした。しかし、ちょうどその時に「バブル潰し」の大合唱がマスコミから起きました。

マルクス主義的な方向に経済を持っていこうとする主張がマスコミから発信されたわけですが、これは、アメリカに逆らわせないための憲法9条と経済的繁栄を憎むマルクス主義の両方が「ご本尊」であることが密接に結びついて起きたと言えるでしょう。つまり、憲法9条とマルクス主義を〝信仰〟した結果、アメリカ経済を超えないタイミングで「バブル潰し」が起きたのです。

大川総裁は、マスコミ関係者に対して次のように警鐘を鳴らしています。

今、マスコミ関係者で、死後、天国に還れる人は非常に少なくなっています。彼らは、どんどん地獄へ行っています。なぜなら、この地上において、彼らの生きている世界が、すでに地獄の阿修羅界《あしゅらかい》だからです。

阿修羅の世界とは、どういう世界でしょうか。それは闘争と破壊の世界です。マスコミ関係者の多くは、人を見て、その不正を暴くだけならばまだしも、立場も権限もないのに、あるいは正しさが分からないのに、人を陥れたり、裁いたり、追及したりしています。「不正の追究」と称して、実は、人々を傷つけるようなことを次から次へとやっているのです。そして、問題提起を「ジャーナリズムの本質だ」と吹聴しているのですが、それが地獄への道なのです。

そのような地獄への道に生きている人たちが、どうして民主主義の基礎をつくれましょうか。どうして多くの人々に健全な判断の基礎を提供することができましょうか。できるはずがありません。これは大変なことです。

自分ひとりが地獄に堕ちるのは結構ですが、健全な人々の思想を曇らせて、多くの人々を地獄に連れていくことだけは、やめていただきたいのです。

『発展思考』215-216ページ

左翼ジャーナリズムの源流にある思想を明らかにしてきましたが、大川総裁の霊言を読むと宮沢俊義氏も丸山眞男氏も残念ながら死後、天国に還っていません（『現代の法難（4）』『日米安保クライシス』参照）。したがって、両氏を源流とする考え方に則ってジャーナリズムが展開されていくならば、それを担うジャーナリスト、言論人も、死後、幸福な世界に還ることは難しいのです。

4 ジャーナリズムに「中道」の精神を

宗教家・政治家・軍人を尊重する

では、どうすればこうした左翼ジャーナリズムの問題点を克服できるのでしょうか。

まず、宗教軽視の問題です。前著『愛と勇気のジャーナリズム』では、神仏の考え方に基づいて価値判断を示すことがジャーナリズムの大きな役割だと述べました（第一章）。そのためには、マスコミ関係者も基本的に宗教尊重の立場に立ち、多くの宗教の教えを学び、教養を深めるべきと考えます。

当然ながら、現在のような、宗教に対するアンフェアな報道姿勢は改める必要があります。犯罪絡みの報道ばかりではなく、さまざまな宗教が、日夜、人々の救済活動を行っていることをきちんと伝えれば、人々の宗教に対する意識も変わってきます。

マスコミの宗教への教養が高まれば、オウム事件の時のように、宗教についての判断を間違えることも少なくなるでしょう。また、政治家を評価する際も、カネや異性といった浅薄な基準ではなく、「本当に神仏の意志を実現する智慧と意志を持っているかどうか」といった本質的な議論ができるようになるはずです。宗教を尊重することは、「政治家の智慧」を正しく評価することにもつながり、マスコミ自身の品位も高まることでしょう。

次に、軍隊・軍人を否定する論調も変えねばなりません。自国の防衛についてアレルギーを持っている国は日本しかないのではないでしょうか。これについては、ほかの普通の国がどのようになっているかをよく見る必要があります。

左翼マスコミが示してきた、9条改正への拒否反応や集団的自衛権の否定は、決して国際的なスタンダードの考え方ではありません。そして、なぜ日本だけがそうなっているかと言えば、先述した通り、戦勝国のアメリカが日本の軍事面での役割を貶める宣伝をしたからです。外国が行った洗脳をそのまま受け継いでいるだけなのです。

国民を守る軍人・軍隊は、どこの国でも基本的に尊敬されます。日本は早く「普通の国」になって、こうした感覚をとり戻さなければなりません。「軍人の勇気」を評価しない国では、軍人から国家を守る気概が失われ、国民の安全は危機に曝《さら》されます。現在のように近隣の独裁国家からの脅威に直面している日本にとって、このままでは本当に国の存続を脅かす事態になってしまうでしょう。

全体を見失ってはならない

次に経済の問題についてです。マルクス主義に基づく極端な平等主義に対しては、全体を引き上げる考え方が必要です。

終戦直後の貧しい時代であればいざしらず、世界有数の経済大国になった現在、日本には大国に相応《ふさわ》しい責任が生じています。

大川総裁は『正義の法』のなかで、個人の幸福と社会全体の幸福の両方を実現していく考え方について、このように述べています。

国際政治学者のなかには、「政治の原理」について、キリスト教のたとえを用いて、「百匹の羊のうちの一匹が谷間に迷っても、残りの九十九匹を連れて行くのが『政治の原理』であり、谷間に迷っている一匹の羊を救いに行くのが

『宗教の原理』だ」というように言う人が数多くいます。

しかし、私の説いている宗教には、多少違う面があります。「九十九匹を捨て置いても、一匹だけは救え」とは言っていません。「一匹に対しても配慮しなければいけないけれども、九十九匹だって護らなければいけない」と、欲張りではありますが、両方を言っているのです。

つまり、「最大多数の最大幸福を目指しながらも、〝網〟から漏れる者もいるので、〝網〟から漏れる者については配慮をしなければいけない。しかし、〝網〟から漏れる者を中心に全部を組み立ててはならない」ということを言っているわけです。

『正義の法』324-325ページ

左翼的ジャーナリズムでは、ともすれば「網から漏れる者」を中心にすべてを組み立ててしまう傾向があります。それゆえに極端に平等主義的な議論が展開されていくことになるのです。もちろん、弱者の立場を考えることは大切です。しかし、弱者に焦点を当てすぎて全体が見えなくなってもいけません。

以上、現在のマスコミが軽視している宗教、政治、経済、軍事、それぞれの徳について、どのようなスタンスをとるべきかを述べました。

マスコミの結果責任

さて、マスコミによる極端な議論が放置されてきたのは、マスコミに自分たちの報道の結果に責任を負う姿勢が薄かったことと無関係ではありません。

その影響力の大きさから考えて、マスコミには「製造物責任」を負うことが求められます。地球物理学者で「ニュートン」誌の編集長を務めた竹内均《ひとし》氏の霊は、霊言のなかで次のように述べています。

週刊誌にしても、テレビ報道にしても、新聞報道にしても、無名の記事を書くのは結構だけれども、やはり、「原因・結果の法則」で、国民に対して、悪い結果、不幸な結果をもたらしたならば、その責任者は出てきて、国民の前できちんと糾弾《きゅうだん》を受けるべきです。「自分たちは一切糾弾を受けないで、ほかの企業だけを責め続ける」というようなことは、やはり問題だろうと思うのです。

『震災復興への道』158ページ

マスコミの責任については、今、ようやく追及され始めています。

例えば朝日新聞は「慰安婦」をめぐる報道で、吉田清治という人物の証言を元に朝鮮半島で日本軍による「奴隷狩り」が行われたと80年代から何度も報道してきました。しかし、この証言は虚偽《きょぎ》であったことが明らかになり、朝日新聞は2014年になって謝罪、訂正を行いました。

同紙は東日本大震災での原発報道でも、福島第一原子力発電所の吉田昌郎《まさお》所長の発言をねじ曲げて報道し、あとで謝罪するということがありました。

このように、朝日新聞に代表される左翼ジャーナリズムに対して、読者の目、国民の目は厳しくなっており、内部改革が始まってきているところだと思います。

「中道」を求める姿勢

宗教にはマスコミを啓蒙する役割がある、ということを第一章で述べました。大川総裁は長女の咲也加《さやか》専務理事との対談で、次のような指摘をしています。

大川隆法　（中略）本来は、左翼のなかにも、「弱い人や少数派の人を助ける」という救済の思想があって、宗教的なものも一部入っていると考えられる。それは悪いことではないのだけど、「全体に広げると悪になる」という傾向があることも知らなくてはいけない。このへんは、バランスを取るのが非常に難しいところだね。

大川咲也加　中道を求めなければいけない。

大川隆法　中道が大事だし、できたら、複数の視点を持つことだね。

『未来をひらく教育論』52-53ページ

宗教がマスコミを啓蒙する上で「中道」という観点が大切です。「中道」とは、仏教的な思想であり、自分や他の人を不幸にするような極端な考え方を排するという意味です。

例えば、経済についてであれば、成功者に嫉妬して攻撃することも、成功者となって他者を叩き落すことも、「中道」ではありません。成功者が数多く出てくることによって全体が引き上げられ、経済が発展することを求めるのが「中道」の精神です。ジャーナリストの精神態度としては、嫉妬するのではなく、成功者を祝福する姿勢が大切だということです。

戦後マスコミの大転換を

大川総裁は宗教がマスコミを啓蒙できる点について、さらにこのように述べています。

民主主義はいま、マスコミが努力不足、勉強不足であるために、衆愚政《しゅうぐせい》に転落しかかっています。マスコミがおかしくなると、マスデモクラシー（大衆民主主義）は簡単に衆愚政になってしまうのです。

そこで、マスコミを啓蒙するために、新しい倫理観を教える必要があります。また、マスコミには枝葉末節《しようまっせつ》のほうへ行く傾向があるので、マクロ的な視点、マクロ的な価値観も教えなければなりません。さらに、未来への予測を教えることも必要です。

倫理観、マクロ的な見方、未来への予測――この三つを教えることによって、宗教として、マスコミを啓蒙することができるでしょう。それによって民主主義を担保することができ、二十一世紀以降の発展への道が開けるのではないかと思います。

『奇跡の法』120-121ページ

「倫理観」「マクロ的な見方」「未来への予測」。これらも「中道」の精神です。

前著『愛と勇気のジャーナリズム』では、神仏の考える正義の基準の一番目として、「神の子・仏の子としての自覚を推し進めることが善である」と述べましたが、これが先の「倫理観」に当たるでしょう。宗教そのものの価値を否定する戦後マスコミのあり方は修正されるべきです。

「マクロ的な見方」というのは、先ほど述べた個人の幸福と全体の幸福のバランスの観点が必要だということです。

今の日本にとってもっとも大切な「未来への予測」は、このままでは中国や北朝鮮に軍事的にのみ込まれ、国民の生命や財産、自由が守れなくなるということです。ジャーナリズムとして、将来、日本が極端に不幸な状況にならないよう、「中道」を求めていかなければなりません。

以上、未来創造学のジャーナリズム論のなかで、大きな論点となる左翼ジャーナリズムの問題点について述べてきました。未来創造学は、人々の幸福を実現するための学問です。それは地上だけではなく、この世とあの世を行き来しながら、生まれ変わっている人間が神の子・仏の子として、より成長する方向で実現されていくべきです。

戦後の唯物論的な左翼ジャーナリズムは、大きな転換点を迎えていると考えます。

【主な参考文献】

大川隆法著『理想国家日本の条件』幸福の科学出版
大川隆法著『国家の気概』幸福の科学出版
大川隆法著『未来への挑戦』幸福の科学
大川隆法著『正義の法』幸福の科学出版
大川隆法著『「河野談話」「村山談話」を斬る！』幸福の科学出版
大川隆法著『危機に立つ日本』幸福の科学出版
大川隆法著『常勝の法』幸福の科学出版
大川隆法著『リクルート事件と失われた日本経済20年の謎　江副浩正元会長の霊言』幸

福の科学出版
大川隆法著『繁栄思考』幸福の科学出版
大川隆法著『発展思考』幸福の科学出版
大川隆法著『震災復興への道』幸福の科学出版
大川隆法・大川咲也加著『未来をひらく教育論』幸福の科学出版
大川隆法著『仏陀再誕』幸福の科学出版
大川隆法著『奇跡の法』幸福の科学出版
プラトン著『国家(上)』岩波文庫
W.リップマン著『世論(下)』岩波文庫
江藤淳著『閉された言語空間』文春文庫
宮沢俊義著『憲法』有斐閣全書

第三章

週刊誌ジャーナリズムの問題点

里村英一

1　総合週刊誌とは何か

部数が減っても影響力を保つ総合週刊誌

第三章では、週刊誌ジャーナリズムの問題についてとり上げます。

一口に雑誌と言っても、週刊誌だけでなく、隔週誌、月刊誌、季刊誌などさまざまなものがあります。なかには発刊が1年に1回という雑誌もありますし、不定期に出すものもあります。

内容的に見れば、ほとんどの雑誌が専門誌です。女性ファッションに関するもの、車の情報を扱うもの、アウトドア情報を載せるものなど、部数はそれほど多くなくても、特定の趣味を持つ人たちに向けた雑誌が数多く出ています。

ここでとり上げるのは「総合週刊誌」です。総合週刊誌とは、政治、経済、芸能、スポーツ、医療など、あらゆる情報を扱います。男女の性についても大きな柱の一つです。誰と誰が不倫をしたなどというスクープを放つのは、たいてい総合週刊誌です。

部数は年々減っているのですが、その記事の見出しが新聞広告や電車の中吊り広告にも載るので、意外と社会的に大きな影響を与えています。記事を読んでいなくても、見出しだけで何が起きているかを人々に伝えることができるため、実際の発行部数以上の影響が出るわけです。

2016年に限っても、人気女性タレントの不倫問題や元プロ野球選手の覚せい剤事件、あるいは国民的アイドルグループの解散騒動などは、総合週刊誌の報道がきっかけとなって、広く社会に知られることになりました。

まず週刊誌が報道し、次いでテレビのワイドショーがとり上げ、ネットなどでさまざまな情報が集まり、その内容が次の号の週刊誌にフィードバックされて、翌日のワイドショーでまた盛り上がる、という連鎖が起きて時の話題になっていくわけです。

週刊誌ジャーナリズム元年は1956年

総合週刊誌についてさらに細かく見ていきます。

総合週刊誌は、大きく新聞社系と出版社系とに分けられます。

新聞社系の週刊誌とは、例えば「週刊朝日」「サンデー毎日」「AERA」があります。今はなくなりましたが、以前は「週刊読売」「週刊サンケイ」という雑誌もありました。「週刊サンケイ」は現在、「週刊SPA!」に収斂《しゅうれん》されています。

新聞社系の週刊誌の特徴は、一つのテーマを掘り下げて報道することです。例えば、「女性がキャリアを持って生きる」というテーマで、多角的な取材をして付加価値をつけていきます。例外はありますが、スクープを放ったり、ゴシップを書いたりすることは少ないと言えます。

一方、出版社系の週刊誌には、講談社の「週刊現代」、小学館の「週刊ポスト」、新潮社の「週刊新潮」、文藝春秋社の「週刊文春」、徳間書店の「アサヒ芸能」、双葉社の「週刊大衆」などがあります。若者向けには集英社の「週刊プレイボーイ」があります。これらの出版社系の週刊誌が扱うのは政治、経済、芸能、スポーツ、さらには宗教にまで網を広げ、スクープ、ゴシップ、セックス、うわさ話のオンパレードです。

出版社系週刊誌が初めて世に出たのは１９５６年のことです。「週刊新潮」が創刊されました。この雑誌を創ったのが新潮社の〝天皇〟と呼ばれた斎藤十一《じゅういち》という編集者です。「どのように聖人ぶっていても、一枚めくれば金、女の話が出てくる」と言い放ったことで有名ですが、最初からゴシップ路線を意識してつくっていました。その編集方針を「週刊文春」などが追いかけて、出版社系週刊誌全体のカルチャーをつくっていきました。

ここで、なぜ1956年だったのかということを考えてみます。

ちょうどその年は、経済白書で「もはや戦後ではない」という言葉が使われて流行語になりました。終戦直後の食べるだけで精一杯という貧しさから脱して、ようやく娯楽やエンターテインメントが本格的に求められるようになった時代です。そういう時期に週刊誌が生まれたわけです。

非常にレベルは低いのですが、他人の下世話な話やうわさ話を楽しむ一種の大衆文化が花開いたと言えます。もちろん、その前から映画などは大衆文化として人気がありましたが、それはあくまでも物語としての娯楽でしたし、人の暗部を覗き見るようなものとは明らかに違いました。本来は公にはできないような暗部に焦点を当て、暴露するというかたちでのジャーナリズムが大手を振るい始めたのは、日本では週刊誌が登場してからのことです。

もちろん、大川総裁が、「**『権力が暴走したときに、強い言論で、それを止めたりする』ということにも、一定の正義はある**」（『スピリチュアル・エキスパートによる文部科学大臣の「大学設置審査」検証（下）』209ページ）と指摘しているように、スクープ型のジャーナリズムに存在意義があるのも事実です。特に政治家など権力を持つ人は、リーダーに相応《ふさわ》しいかどうか、マスコミによって「身辺調査」されることにも一定の意義はあるでしょう。しかし、十分な裏づけ調査もしないでセンセーショナルに報じてしまうなら問題があります。実際、新聞やテレビであれば、十分に裏がとれなければ報道しません。しかし、週刊誌は裏がとれてなくても、強引に切り込んでいくというところがあり、それが一つの「強み」になっています。なお、この「強み」というのは、優れているという意味ではなく、あくまでもカッコつきの「強み」です。

民主主義を健全に保つために権力をチェックするという大義名分は大事です。しかし、大義名分があれば何をやってもいいということにはなりません。「権力のチェック」と称しながら他人を引きずり下ろして面白がっているのであれば、本来のジャーナリズムの使命とは明らかに違うことをしていると言えるでしょう。

その意味で現在の週刊誌ジャーナリズムに、「民主主義を守る砦《とりで》」という本来の存在意義がまだあると言えるのかは疑問です。人々の欲得や低次の欲望に奉仕し、自分たちが儲けるための道具にすぎなくなっているのが現状なのです。

週刊誌的なるものの空気が生まれた真因とは

週刊誌ジャーナリズムは、なぜこのような報道スタンスをとるのでしょうか。

幸福の科学では、大川総裁の霊言の収録などを通じてある事柄の当事者や関係者の本音を探り、背景にある真実を明らかにするという研究を行っています（例えば守護霊の霊言では、その人の本心を明らかにできます）。そして、その成果は書籍になって公開されます。

その結果、週刊誌についても興味深い事実が明らかになってきています。大川総裁の『「週刊新潮」に巣くう悪魔の研究』にはこう述べられています。

ソクラテスが、最期、死刑に追いやられた人民裁判的なもののなかにも、今のようなものではないにしろ、当時の週刊誌的な存在はあったでしょうし、イエスを処刑し、強盗殺人犯のほうを「釈放しろ」と叫んだ民衆の声のなかにも、やはり、そういう週刊誌的なるものの〝空気〟が働いていたと思われます。

『「週刊新潮」に巣くう悪魔の研究』14ページ

さらに同書では、その「週刊誌的なるものの空気」に「悪魔」による影響があったことも明らかになりました。その悪魔は次のようなことを言っています。

イエスを十字架に架けるときにさあ、「誰か一人だけは許してやる」という話があっただろう。

それで、民衆は、当然、「イエスを釈放しろ」と言うはずだったのに、なぜか、強盗殺人だか何だか、本当の自然犯をやった罪人のバラバのほうを、「釈放しろ」と言い、イエスのほうを、「処刑しろ！　殺せ！」って言った。

まあ、そのとき、カネを撒《ま》いて買収し、それをやらせた連中はいるよ。


『「週刊新潮」に巣くう悪魔の研究』119ページ

つまり、週刊誌的な動きというのは、この数十年で始まったものではなく、実は、ソクラテスやイエスの時代から悪魔の働きとして作用していたということです。

ソクラテスやイエスは、ある意味で当時のタブーを破って新しい考え方を人々に示した方です。しかし、新しい考え方というのは、ともすれば人々の反発を買うものです。特に、自分たちのついてきた嘘がばれたり、既得権益が脅かされたりすると感じる人にとっては、大きな脅威になります。すると、新しい価値観を示す人たちをまるで犯罪者であるかのように言って、大衆を扇動《せんどう》し始めます。こうしてソクラテスは死刑になり、イエスは十字架にかかりました。

当時は週刊誌があったわけではありませんが、大衆を煽ってソクラテスやイエスを犯罪者に仕立てあげた人たちのやっていることは、今日の週刊誌ジャーナリズムと本質の部分において変わりません。実際に、ソクラテスやイエスを死に追いやった悪魔が、現在では、週刊誌ジャーナリズムに大きな影響を与えているわけです。その意味では、非常に根が深い問題だと言えます。

週刊誌は、自分たちの報道について、ほとんど責任をとることがありません。「自分たちは材料を提供しただけだ」「あとは読者がどう判断するかだ」などと言います。しかし、週刊誌の記事の見出しとか、広告のコピーを見る限り、結論ありきで決めつけているものがほとんどです。最初から判決ありきの裁判をやっているようなものです。

通常、裁判というのは、無罪推定が原則です。つまり判決が出るまでは、すべて無罪を前提にして扱うのが裁判の大前提です。

にもかかわらず、週刊誌では、憶測と偏見と独断によって、「こいつが犯人だ」と決めつけることが当たり前のように行われています。犯人と決めつける材料ばかりを集めて報じるのが常で、無罪を推定させるような材料は扱いません。扱ったとしても、形式的に両論併記になるように反対意見を少しだけとり上げるにとどまります。これが典型的な週刊誌ジャーナリズム的な記事のつくり方です。

文芸評論家の福田和也氏も、「週刊新潮」の記事のつくり方は、最初に内容を決めて、その内容にあった材料を取材で集めてつくるというやり方をしていたと指摘しています。これは冤罪《えんざい》を生みやすい非常に危険な手法です。つまり、「白を灰色に、灰色を黒にしてしまう」わけです。(「ザ・リバティ」2011年6月号)

昔は「火のないところに煙は立たない」と言いましたが、最近では「火のないところにも煙を立てる」ところまで来ているのです。

週刊誌ジャーナリズムの基本は、「売れるかどうか」

では、なぜそんなことをするのかという疑問に戻るのですが、基本的には「売れるかどうか」なのです。

第一章3節でも紹介しましたが、大川総裁が『政治の理想について』で、「『**記事が売れる』と判断した場合にはその批判は善、『売れない』と判断した場合には記事に書くことが悪になります**」（85ページ）と指摘されている通りです。つまり、そこには本来の意味における善悪の基準はないわけです。

テレビであれば、放送法などの規定もあって、極端に偏った報道はできませんし、裏をとれていないスクープというのは基本的にはないのですが、週刊誌の場合は非常にゆるくて、「売れる」と思ったら裏もとらずに記事にしてしまうところがあります。

それで人を貶《おとし》めるような記事をたくさん発信しているわけです。逆に言えば、「この人は実はこんなに素晴らしいことをしていました」という記事では、あまり売れないということです。そういう記事もあることはあるのですが、メジャーになることはありません。人の暗部や恥部を暴くほうが現実には売れるために、そうした記事が主流になっているのです。

典型的なのは、ＳＴＡＰ細胞をめぐる報道です。当初は、小保方晴子《おぼかたはるこ》氏を好意的にとり上げることでリケジョブームが起きたわけですが、しばらくすると叩き始め、猛バッシングしました。小保方氏は２０１６年1月に『あの日』という回想録を出版しましたが、そのなかに興味深い一節があります。具体的な週刊誌名を挙げて、取材依頼の手紙のなかにこう書かれていたことを明かしました。

なぜ私たちが毎週のようにSTAP騒動を取り上げてきたか。理由ははっきりしており、読者の評判がよかったから。嫌らしい言い方をすれば、STAP

を書けば部数が伸びました。

『あの日』１８６ページ

まさに、週刊誌が売れればいいと考えていることがわかるエピソードです。

ちなみにフライデー事件（１６７ページ参照）の時の「フライデー」誌の元編集長は、あるセミナーで、雑誌を売るポイントは何かと聞かれて「色とカネと出世と不安だ」と答えています。要するに欲望と不安を煽ればいいということです。

こうした週刊誌の報道スタンスの問題について、大川総裁は次のように指摘しています。

週刊誌的なものに関しては、やはり、彼らは、「善悪の基準」というものを持つことなくやっていて、それを示したことはありませんし、「正義とは何か」ということについて、語ったこともありません。「うちは、こういうものを善悪の判定基準にする」ということを明確にすることなく、〝人民裁判〟を行っているわけです。

また、これはマスコミ全般にいえることですが、彼らは、批判はするけれども、「では、どうするのか」という積極的な意見はないし、「自分たちの考えについて、きちんと責任を取る」という考えも、あまりありません。この部分は、やはり、大きな問題ではないかと思います。

『「週刊新潮」に巣くう悪魔の研究』14-15ページ

つまり、週刊誌は民主主義を守るという大義名分を掲げてはいますが、実際はそんなに立派なものではないのです。

2 週刊誌ジャーナリズムの問題点を仏教の八正道で点検する

週刊誌における六大煩悩

週刊誌ジャーナリズムの問題点は、仏教で言う八正道のいくつかの項目でチェックするとよくわかります。

まず「正見」です。正見とは、物事を正しく見ることです。言い換えれば、「白紙の目で物事を見る」という中道の姿勢です。正見に照らせば「どのように聖人ぶっていても、一枚めくれば金、女の話が出てくる」という週刊誌の見方は明らかに偏っていることがわかります。まず、物の見方の部分で間違っているわけです。

次に「正思」です。「正しく思う」ということですが、もう少し詳しく言うと、「貪《とん》・瞋《じん》・癡《ち》・慢《まん》・疑《ぎ》・悪見《あっけん》」の六大煩悩《ろくだいぼんのう》に振り回されていないかどうかを点検するわけです。ここは大事なポイントなので一つずつ見ていきます。

「貪」は、「貪りの心」です。要するに欲です。出世欲、名誉欲、物欲、財欲、情欲などです。食欲やお酒に対する欲もあります。いずれも、週刊誌の得意なテーマばかりです。

「瞋」は「怒りの心」です。これも週刊誌が得意です。「サラリーマンよ怒れ」「国民よ怒れ」とよく煽っています。人の怒りを煽り立てるような記事は週刊誌の目玉記事と言っても過言ではありません。

「癡」は「愚かな心」です。確たる根拠もないのに恐怖心を煽るのが一つの例です。「株が暴落する」「地震が来る」「恐慌がやってくる」といった類《たぐい》の記事です。2008年のリーマンショックの後には「世界恐慌が来る」という趣旨の記事がたくさん出ました。

嫉妬《しっと》心を煽るというのもあります。成功した人を裏でズルをしていると貶めるような記事を書くことですが、これも週刊誌の得意技です。しかし、嫉妬心による成功者バッシングは非常に大きな代償を支払うことになります。ロッキード事件の田中角栄氏やリクルート事件の江副浩正氏、STAP細胞の小保方晴子氏などはその典型です。田中角栄批判においてはジャーナリストのペン一本で日本の最高権力者のクビが切られてしまい、リクルート叩きはバブル崩壊の原因の一つにもなりました。STAP細胞批判は歴史的発見の可能性があったにもかかわらず潰してしまいました。いずれも国家的損失だったと思います。この失われた国益というのは、なかなか測ることができないので見過ごされがちですが、週刊誌ジャーナリズムの大きな問題点だと思います。

次に、「慢」は「うぬぼれの心」です。週刊誌の記事を見ると、「自分たちは高みにあって判断する権利を持っている」というスタンスに立っています。しっかりとした思想や信念に基づいた判断基準を持っているのならまだしも、実際は売れるかどうかの基準しか持っていなかったりします。にもかかわらず、なぜか自分たちは正しくて、他の人が間違っていると考えているわけです。これは典型的な増上慢《ぞうじょうまん》と言えるでしょう。これも煩悩の一つです。

「疑」は、「疑いの心」です。大川総裁は、ジャーナリズムと疑について、次のように述べています。

「疑」とは、疑い深いことです。
ジャーナリストには、全部を疑ってかかるような人もいます。
疑いには、ある程度、
真理を発見する手段として存在している面もあるのですが、
すべてを疑っていたら、基本的に人間関係は成り立ちません。
疑い深い人には、やはり、行きすぎているところがあるでしょう。

「疑」の問題は、今、特にジャーナリズムのところに多いと思います。

彼らは、「権力は、もともと腐敗しやすいものなので、いちおう疑ってかかり、批判していく必要がある。それによって、権力は腐敗しないのだから、われわれは民主主義の防波堤《ぼうはてい》になっている」と考えているのでしょう。しかし、それが、だんだん職業的習慣になってしまい、「とにかく、人を見たら泥棒と思え」というような心境に近づいてくると、「疑」の状態になってきます。

こうして、悪口産業に慣れてくると、誰かを悪人に仕立てて悪口を言うのが当たり前のようになり、〝悪人製造機〟のようになっていくのです。

『正義の法』105ページ

『不成仏《ふじょうぶつ》の原理』56ページ

疑は、週刊誌ジャーナリズムにおける中心的な〝教義〟だと言えます。「疑ってかかることが善なのだ」というのが、〝基本教義〟であり、〝職業倫理〟になっているのです。

実際、その考え方をすべて否定することはできません。ヒトラーやオウム真理教の麻原のような人間が出てきた時に、「疑ってはいけない」と言っていたら大変なことになります。したがって、疑うことが必要な場合はあるのですが、だからといって善悪の判断もせず、公平な見方もせず、すべてを疑い、悪口を言うようになれば、もはや民主主義を守るという大義は立たなくなります。

最後は「悪見」です。「間違った見方」のことです。本来の意味は、宗教的に間違った信仰や考えを持つことですが、ここでは間違った哲学や思想、信条を持つことも含めて考えます。わかりやすく言うと、「あの世などない。霊なんかいない。神様はいない」という唯物論の立場です。もちろん、霊を信じる人と信じない人がいるのは当然のことです。しかし、「信じない」という立場の人が信じる人たちを完全に否定し、粛清したり弾圧したりするなら、非常に独断的なものになります。

共産主義は「宗教はアヘンだ」とし、唯物論、無神論の立場に立ちました。その悪見を色濃く受け継いでいるからこそ、週刊誌ジャーナリズムは宗教を激しく攻撃するのです。

「正語」と「正業」に反する週刊誌ジャーナリズム

「正思」の説明が長くなりましたが、八正道の三番目は「正語」になります。「正しく語っているか」ということです。ジャーナリズムの文脈では、「正しく書いているか」ということでもありましょう。

「正語」には四つあります。

口の四つの戒《いまし》めがあります。「不妄語《ふもうご》」「不悪口《ふあっく》」「不両舌《ふりょうぜつ》」「不綺語《ふきご》」の四つ

です。不妄語というのは嘘をつかないということです。不悪口というのは、悪口を言ってはいけないということです。不両舌というのは、Aさんにはこう言って、Bさんにはこう言ってと、別のことを言って仲違いさせるようなことです。不綺語というのは、いわゆる「おべんちゃら」です。

『沈黙の仏陀』113ページ

週刊誌ジャーナリズムにおいて特に問題になるのは、この四つのうちのはじめの二つ、つまり不妄語と不悪口です。

不妄語とは、「嘘を言ってはいけない」ということですが、宗教的には悟ってもいないのに悟ったと偽ることを指します。つまり、わかっていないのにわかったように言うことです。

週刊誌が宗教を批判する時はこのパターンです。信仰の世界は、神や来世の存在を信じることで成り立っているのですが、「霊は証明されていないから嘘であり、したがって宗教は人を騙している」という理屈で批判してきます。しかし、証明されていないということは、単にわからないということにすぎず、いまだ霊は存在しないと証明した人はいません。にもかかわらず、嘘だと決めつけるのは、まさにわかっていないのにわかったつもりになっているということです。典型的な不妄語です。

不悪口は、「人の悪口を言ってはいけない」ということです。

ジャーナリズムにおける悪口について、大川総裁はこう述べています。

「マスコミ民主主義」の本質にあるのが「悪口の自由」であることはよくわかった。それは、その国の権力者が悪事を働くのを事前に抑止するという意味においては、一部の正義と有効性を持っている。しかし、リーダーの理想や気概、徳が見抜けないという点で、リンカン大統領を何度も選挙で落選させたような「衆愚政《しゅうぐせい》」の危険性もはらんでいる。

人は、宗教心、道徳心が十分でないと、「他人への称賛」より「他人への悪口」に快感を覚えるようになる。

『バーチャル本音対決』あとがき

悪口の自由が衆愚政をもたらし、有徳の政治家の登場を阻む怖さがあるという指摘です。

四番目は「正業《しょうごう》」です。「正しい行いをしたか」ということです。仏教的には、「不殺生《ふせっしょう》」「不偸盗《ふちゅうとう》」「不妄語《ふもうご》」「不邪婬《ふじゃいん》」「不飲酒《ふおんじゅ》」の五戒を守ることです。現代的には、「きちんと仕事をしたか」という意味も入ってきます。会社勤めだけでなく、家庭における主婦の仕事も含めて、正しかったかどうかを振り返ることです。

「正業」のポイントは、「正行」ではなく、「業」の字を使っていることです。「業」とはカルマのことです。カルマというのは、「よい種をまけばよい果実が得られる。悪い種をまけば悪い果実が得られる」という意味です。いわゆる「縁起《えんぎ》の理法」ですが、週刊誌ジャーナリズムにある「悪い種」の典型は、「宗教を悪と見る」という反宗教のスタンスです。その結果、宗教叩きの報道が増え、世の中を必要以上に惑わすことになります。

戦後の言論を見ると、反宗教であることが、よき立場であるかのように無前提に思われてきたところがあります。例えば、立正佼成会《りっしょうこうせいかい》のケースがあります。立正佼成会は昭和30年代に教勢を伸ばしたのですが、その時にある大手メディアグループが新聞や週刊誌を挙げて立正佼成会叩きをしました。事態は開祖の庭野日敬《にわのにっきょう》氏が国会に呼ばれるところにまで至りました。

また、有名なのは藤原弘達《ひろたつ》氏が『創価学会を斬る』という著書を出そうとした時に創価学会が出版を阻止しようと圧力をかけた事件です。この言論妨害事件をきっかけに、「宗教を叩けば部数が伸びる」というパターンが生まれました。『創価学会を斬る』もベストセラーになりました。その後、創価学会叩きの記事を載せると、人の目に触れないように信者が買い占めたりすることもあって、部数が伸びたわけです。

こうした考え方の背景には現行の日本国憲法があります。憲法20条には、「いかなる宗教団体も、国から特権を受け、又は政治上の権力を行使してはならない」とあります。また、憲法89条には、「公の財産は、宗教のために支出してはならない」とあります。こうした政教分離に関する原則を盾に、日本の社会は宗教を日陰者のように扱ってきました。そもそも反宗教のスタンスには憲法というバックグラウンドがあるわけです。日本が戦争に向かったのは宗教のせいだ、とする誤った考えの下につくられた日本国憲法は大きな傷を日本社会に与えたのです。

もちろん、例外はあります。幻冬舎が出版した石原慎太郎氏の著書『天才』は、霊言ではないのですが、霊言のようにも読める書き方だったこともあり、帯コピーなどでは「霊言」と謳《うた》って宣伝していました。最近のテレビでも、霊の存在を肯定的に扱う番組が増えつつあります。

八正道のうちの「正見」「正思」「正語」「正業」にしたがって週刊誌ジャーナリ

ズムの点検をしてみました。

3　悪徳マスコミの暴走は止められるか

自由には責任が伴う

宗教的にジャーナリズムを見るならば、マスコミにも「天国的マスコミ」と「地獄的マスコミ」とがあると言えます。多くの人々の幸せのためという目的に奉仕するマスコミと、多くの人が互いに責めあい、また、責めることに快感を覚えるような世界をつくるマスコミと二つあるわけです。週刊誌ジャーナリズムは、すべてではありませんが、そのかなりの部分は後者の方に入ると言わざるをえません。

『発展思考』では、次のように指摘されています。

ジャーナリズムのなかでも、ブラックジャーナリズムと言われるような、非常にたちが悪くて、品のよくない世界にいる人たちも、だいたい阿修羅地獄に行きます。そして、あの世でも、お互いに傷つけ合っています。

『発展思考』38－39ページ

さらに『霊的世界のほんとうの話。』では、こう述べられています。

現代では、マスコミの人やジャーナリストのなかにも、大きな影響力を持っている人がいますが、彼らのなかで、世の中のためや正義の実現のためではなく、自分のため、欲望達成のためだけに仕事をしている人たちは、小悪魔になります。手下が五、六人程度しかいない小さな魔王でしょうが、そのようになる人が多いのです。

『霊的世界のほんとうの話。』157ページ

ジャーナリズムの世界の人は、「言論の自由」「表現の自由」「報道の自由」を標榜しています。それはその通りで、自由というのは大切な権利です。日本国憲法で言われているからということではなく、私たちがこの地上で生きていくには、選択の自由や移動の自由、自分の言いたいことを言う自由が必要です。

しかし、一方で、「自由には責任が伴う」ということを忘れてはいけません。自由を行使した結果、誰かが幸福になり、誰かが不幸になることがあります。政治家がどのような政策をとるか。意図的に国民を不幸にしようと考えるわけではないでしょうが、ある政策を実行した結果、不況になって、多くの人が苦しむことがあります。自殺する人も出たりします。すると、その判断をした人の責任は相当な重さになります。本人は悪意を持って判断したわけでなくても、死んでから行く先は厳しいところになってしまう可能性があります。

しがたって、自由が大切とは言っても、そのまま行くと相手が地獄に堕ちるのであれば、やはり止めるのが愛です。それが宗教を信じる者の立場です。宗教の大きな目的の一つは、人が死後に迷ったり地獄に堕ちたりしないようにすることです。それは愛の思いから来る救済行《きゅうさいぎょう》でもあります。

ＨＳＵで考えるジャーナリズムとはまさにそうしたもので、このまま行くと崖から落ちるという人たちに、「前を見ろ、崖があるから危ないぞ」と警鐘を鳴らすことでもあるのです。

ジャーナリストなどが当会に対する批判をいろいろとしており、それに対して、当会は、さまざまに反論していますが、そういう人たちは、あの世へ行ったあとが大変なので、ご注意申し上げているのです。「それは大きな罪であり、道路に出て機関銃で人を何人か殺すという凶悪犯罪よりも、よほど重い罪なのだ」ということをお教えしているわけです。

しかし、それが分からず、そういうことをいまだにしている人がいます。気の毒です。場合によっては、人間として生まれるのは今回が最後になります。

それだけの大きな罪になるのです。

『「仏陀再誕」講義』62－63ページ

つまり、ジャーナリズムとして何かを批判する場合、持つべきスタンスがあります。単に「売れるから」とか「面白いから」ということではなく、それを指摘することで相手の過ちを正したり、悪業《あくごう》を重ねるのを止めるという目的の下に報道することが大事なのです。

マスコミの暴走が止まる？

週刊誌ジャーナリズムは多くの問題を抱えてきましたが、ここに来て少し状況が変わりつつあります。これまでは憶測で好き勝手な記事を書いてもあまり罪に

【図表3】「週刊新潮」が賠償を命じられた主な裁判

日付	事件の概要	認容賠償額
2002年2月26日	2000年10月12日号 国会議員に対する名誉毀損	500万円
2003年7月25日	「週刊新潮」「フォーカス」2000年12月号 情報通信会社「光通信」と同社会長への名誉毀損	660万円
2004年3月29日	2002年12月12日号 日本大使館専門調査員勤務男性への名誉毀損	440万円
2005年3月8日	2003年2月20日号 朝日新聞社への名誉毀損	500万円
2006年2月28日	2003年7月10日号 福岡一家惨殺事件の犯人であるかのように書かれた被害者の親族に対する名誉毀損	770万円
2006年3月28日	2002年9月19日号 「開運！なんでも鑑定団」番組制作会社「ネクサス」への名誉毀損	550万円
2009年1月26日	2006年9月7日号 楽天と楽天証券への損害	990万円
2010年3月18日	2007年11月8日号 ノースアジア大学と同理事長への名誉毀損	630万円
2010年11月24日	2009年7月2日号 吉本興業と同社長への名誉毀損	440万円

「週刊新潮」は2001年からの約10年間で区切っても75件もの裁判で敗訴している。その賠償額は総額1億5998万円にものぼる。（幸福の科学広報局調べ）

問われてきませんでしたが、20世紀の終わりごろから、名誉毀損《きそん》などの裁判で週刊誌側が負けるケースが増えてきたのです。名誉毀損の賠償額も増えています。

図表3にあるように、例えば「週刊新潮」一つとってもこれだけ負けていますし、賠償金も増えています。

以前は名誉毀損で週刊誌側が裁判に負けても、損害賠償額は100万円にもなりませんでした。例えば、毎週50万部出している週刊誌であれば、定価400円とすると、一号あたりの売上は2億円にもなります。さらに広告収入もありますから、100万円程度の賠償金を支払ったところで痛くも痒《かゆ》くもありません。必要経費ぐらいの意味合いしか持ちませんから、「書いてしまえ」ということになります。それが最近では、数千万円単位の損害賠償が出るようになっていますから経営にも影響が出るようになってきました。

また、裁判所の命令で謝罪文を載せる事例も増えています。例えば、幸福の科学について誤った記事を書いた週刊文春は、全面1ページを使って次ページのよう

宗教法人幸福の科学の記事に関するお詫び

当社は，当社発行の週刊誌「週刊文春」平成２４年７月１９日号において，“夏の超大型ワイド 正体見たり！ 幸福の科学大川隆法 性の儀式 一番弟子が懺悔告発！”と題し，あたかも“宗教法人幸福の科学において，教祖の立場を利用し，宗教的儀式を口実として女性秘書に性的行為を強要する性の儀式が行われ，女性秘書がその犠牲となり苦しんだ”かのような記事を掲載しましたが，いずれも事実に反しておりました。

同記事の掲載により，宗教法人幸福の科学およびその関係者の皆様に対して多大なるご迷惑をお掛けしましたので，同記事内容を取り消したうえ，ここに謹んでお詫び申し上げます。

平成27年２月５日

株式会社文藝春秋代表取締役社長　松　井　清　人

週刊文春編集長　新　谷　　学

宗教法人幸福の科学　御中

な謝罪文を載せています。

以前はこのような謝罪文を載せることは少なかったですし、載せたとしても「自分たちの意に反して謝罪文を載せられるのは憲法違反だ」などと言っていました。しかし、そもそも取材された人にとって意に反した記事を載せたのは週刊誌側です。それも最高裁まで行って決定されたことに不服を唱えるというのは遵法精神に欠けていると言わざるをえません。

ところが、2016年に入ってからスクープを連発している「週刊文春」の編集長は、雑誌「AERA」のインタビューで、「タブーには切り込んでいるが、裁判で勝てる記事にしている」という趣旨のことを述べていました（2016年3月7日号）。以前は、週刊誌の編集長といえば、「裁判なんか気にするな」などと言ったり、訴えられることをむしろ名誉の勲章《くんしょう》のように言ったりしていたことを考えると、相当な変化です。

スポンサーの問題もあります。雑誌・新聞の広告収入はこの10年で半減したと言われますが、スポンサーはイメージダウンを非常に怖がりますから、裁判に負けたり、謝罪文を頻繁に載せたりするような媒体からは逃げていくことになります。これも週刊誌ジャーナリズムの変化の一因になっていると言えます。

大きな曲がり角を迎えた週刊誌ジャーナリズム

週刊誌ジャーナリズムが変化したきっかけの一つに、1986年のたけし軍団によるフライデー襲撃事件があります。プライバシーに関する週刊誌の報道に腹を立てたビートたけし氏が弟子を連れて「フライデー」編集部に殴り込みをかけた事件です。暴力を振るったビートたけし氏側に非があるのは明らかですが、当時隆盛《りゅうせい》を極めていた写真週刊誌にも批判が集まりました。そのころは「フォーカス」「フライデー」「フラッシュ」「TOUCH」「Emma」など5誌ほどの写真週刊誌がありましたが、スクープをものにするために盗撮まがいの行為を繰り返していたことで、さすがにやり過ぎではないかという声が上がり始めていました。しかし、「フライデー」は、一時期は200万部を超える部数を誇っていたこともあり、「売れる」からと、その暴走が止まらなかったわけです。そこにビートたけし氏の襲撃事件が起きて、改めて週刊誌ジャーナリズムの是非が問われることになりました。

結局その後、写真週刊誌の部数は減っていき、先述の新潮社・斎藤十一が始めた「フォーカス」が事実上の廃刊になり、次々と写真週刊誌が消えていきました。今では、「フライデー」と「フラッシュ」の2誌だけが残っています。

フライデー襲撃事件の5年後には、「講談社フライデー事件」が起きます。

これは、1991年に講談社の雑誌「フライデー」などが、幸福の科学や大川総裁（当時は主宰）を誹謗中傷《ひぼうちゅうしょう》した事件です。91年5月ぐらいから「フライデー」をはじめとする複数の雑誌に、大川総裁と幸福の科学を傷つける、「反幸福の科学キャンペーン」とでも言うべき記事が毎週のように出たのです。関連記事は半年間で34本にのぼり、幸福の科学を貶める目的があったことはハッキリしていました。

これに対して、幸福の科学の信者有志が立ち上がって全国で抗議行動を行い、全国7カ所の裁判所で「精神的公害訴訟」を起こしました。これが「希望の革命」と言われるものです。

精神的公害訴訟とは、悪質な記事を出し続けることによって、幸福の科学会員一人ひとりの信仰心を傷つけたマスコミに損害賠償を求めた訴訟です。「宗教的人格権」という新しい権利を提唱し、人間にとってもっとも大切である信仰の権利を法律の世界でも堂々と語れるようにしようとしたものです。

大阪地裁、福岡地裁ではこの宗教的人格権が成立する可能性が認められ、また、99年3月の東京高裁判決では名誉毀損の部分が認められ勝訴が確定しました。

さらに、「フライデー」や「週刊現代」に対しても、幸福の科学から裁判が提起されて、それぞれの取材の杜撰《ずさん》さを認める判決が出されて勝訴もしました。

この「フライデー事件」と、それに抗議した「希望の革命」の意味については、24年経った2015年に、事件当時の講談社社長であった野間佐和子氏の霊言が収録され、そのなかで大川総裁の見解が示されています。

やはり、（編著者注：講談社は）大きな出版社ではあったので、「フライデー」などが、そういう、周りを広げるというか、「表現の自由の範囲を、ギリギリいっぱいまで広げる」という、ある意味での人権侵害を広げたことは事実なんじゃないでしょうか。（中略）

そして、「あんなにひどいのがあるんだから、ほかのものは、かわいく見える」ということで、ほかの雑誌等も、いろいろと書けたところはあったように思います。おそらく、これは自覚してやっていたはずですよね。（中略）

やはり、時代的にというか、この国においては、マスコミが「現代の神」になっているところがあるわけですよ。それに対して、「幸福の科学が挑戦をした」といえば、挑戦したんだと思います。つまり、「いや、神はきちんと価値判断をするものです」ということで出てきたので、ここのところで、本当はぶつかっているのでしょう。

さらに、当会は、「神を名乗っているのはマスコミのほうで、それは偽神だ。バアル信仰なんだ」ということを〝剝いで〟しまったわけです。そこに、価値判断が入ってきたんですよ。

『巨大出版社 女社長のラストメッセージ メディアへの教訓』196-205ページ

「希望の革命」は、戦後、事実上第一権力になって、神のごとくに振る舞ってきたマスコミが反省を迫られた、マスコミ史の大きな転換点とも言える出来事だったのです。

この事件以降、裁判における損害賠償の認容額がアップし、謝罪文を掲載せよという判決がよく出るようになりました。週刊誌ジャーナリズムは、必ずしもやりたい放題にはできなくなったわけです。

　こうした状況の変化に気づいたマスコミは、「売れるなら何をやってもいい」という編集方針を変えざるをえなくなりました。その結果、一時期に比べて週刊誌は、発行部数が相当減ることになりました。先述した通り、２００万部以上あった「フライデー」は25万部程度になりました。２０１６年時点で、一番売れていると言われる週刊誌でも40万部程度です。こうして週刊誌ジャーナリズムはいま、大きな曲がり角を迎えることになったわけです。

4 週刊誌ジャーナリズムとのつきあい方

マスコミのチェック機能が必要

最盛期に比べれば力が落ちてきたとはいえ、週刊誌の影響力はまだまだ大きなものがあります。そこで必要となるのがマスコミのチェック機能です。大川総裁は次のように述べています。

当会が、昔から言っているように、やはり、マスコミのなかにも悪魔は巣くっていますが、彼らは、「民主主義の守護神」であるかのように名乗っています。しかし、マスコミも一つの「権力」である以上、チェックはされなければいけませんね。

つまり、マスコミに対しては、「人を裁くだけの立場にあるかどうか」「聖職者がやっているのかどうか」というチェックが必要なのです。

なぜなら、彼らは、顔が見えない権力であり、どんなことを企《たくら》んでいるか分からないからです。

単に、「売り上げが落ちないように」とか、「赤字にならないように」とかいうこと以外に「報道の基準」がないのであれば、それは、「民主主義の守護神」を名乗る職業としては十分ではないと思います。「赤字になったら潰れる」というだけであれば、物売りと変わりませんからね。

したがって、もう一段、厳しい基準があってもおかしくはないと思います。

『「週刊新潮」に巣くう悪魔の研究』２０６ページ

立法、司法、行政の三権については、三権分立というかたちで互いにチェックするようになっているのに、その三権を超える第一権力とも言えるマスコミ権力についてはどこからもチェックされないという現実があるわけです。これは民主主義的にも非常に危険なことです。

そんな問題意識から一つのチェック機能として期待されるのが、第一章でも指摘されているように、宗教であり、もっと具体的に言えば幸福の科学なのです。

講談社フライデー事件の例にもあるように、マスコミ権力の暴走を止めるという意味では、幸福の科学はすでに長い間とり組んできました。

１９９５年のオウム事件にしても、その数年前からオウム真理教の危うさについて警鐘を鳴らしています。宗教界内部で自浄作用を働かせるべく活動してきたのです。その実績も踏まえて、マスコミ界の自浄作用を促すための活動として、幸福の科学的ジャーナリズムが果たす役割は小さくないと思います。

多くの人が関与するという点において宗教そのものがメディアでもあり、善悪の基準をしっかりと提示できるという意味でも宗教こそがマスコミのチェック機能を果たすことが可能になるわけです。

ネットの時代になって、個人も意見発信できるようになったとはいえ、今のところそれらの情報の信頼性が高いとは言えません。やはり雑誌や書籍で活字になっているもののほうが信頼性は高いものがあります。幸福の科学では多くの書籍や雑誌を発刊しておりますのでマスコミのチェック機能を十分に果たすことができると思いますし、これまでも果たしてきたと言えます。

襟を正して啓蒙する

「啓蒙《けいもう》」も大事です。啓蒙とは、「ここに問題がある」と指摘したり、「正しさの尺度」を広げたりしていくことです。また、「こうすれば幸せになれる」「豊かになれる」という情報を発信し、浸透させていくことも大切です。

新聞に載っている週刊誌の広告を見たことがおありだと思います。電車の中吊り広告、また、新聞のテレビ欄でニュース番組の内容を見てもらってもいいかもしれません。

明るいことがほとんど書いていないことに気づくはずです。ネガティブな情報ばかりです。ノーベル賞受賞やオリンピックで金メダルを獲ったなどのニュースが入ることもありますが、さほど多くありません。主流なのはテロや犯罪、スキャンダル絡みの情報です。確かにそうした事件も報道するべきですが、批判のための批判、悪口のための悪口になっている観は否めません。「この活動によって地域がよくなった」「この工夫で会社が発展した」というようなポジティブな情報も同じように拾ってほしいところです。

人間は誰しも自己保存の本能を持っていますから、危険な情報に反応しやすい面があるのは仕方ないでしょう。しかし、だからこそ、その本能に対して、理性や知性を使って、世の中をよき方向に持って行こうとする努力が必要になります。それがまさに「啓蒙」であり、本来あるべきジャーナリズムの使命の一つのはずです。

そして、そうした仕事をする時には、それなりの正しさというものを自分自身にも求めなければなりません。大川総裁も、「**意見を言うようなものであれば、襟《えり》を正して意見を言わなくてはいけない**」（『巨大出版社 女社長のラストメッセージ メディアへの教訓』234ページ）と述べています。

例えば、いくら立派な本を出して世の中の役に立っている出版社だとしても、一方で虚偽《きょぎ》や捏造《ねつぞう》に満ちた週刊誌も出していたとしたら、説得力はないということです。

良心的でユートピア的なマスコミをつくる

最後に、救世の使命を帯びて活動している宗教家を誹謗中傷し、その活動を邪魔することが、いかに重い罪を背負うことになるかという事実を指摘しておきたいと思います。

「仏・法・僧」を誹謗し、和合僧《わごうそう》破壊をした場合には、以後、人間として生まれることができなくなるのです。これははっきりしています。

「法」を犯す罪は非常に大きな罪であり、殺人罪よりも悪いのです。世の中の大勢の人を救うために行なっている救世運動を阻害することは、核爆弾を落とすことよりも悪い行為であり、してはならないのです。

破門者たちのほかに、他の宗教団体やマスコミなどにも、同様の間違いを犯している人たちがいますが、彼らもすべて、人間として生まれるのは今回が最後になるでしょう。

みなさんがもし来世で地獄を見に行くことがあったならば、そのときに見る彼らの姿は、もはや人間ではないでしょう。「かわいそうだ」と思うならば、いま間違いを教えてあげるべきなのです。

『信仰論』67ページ

釈尊は、悪魔との戦いに打ち勝って悟りを開いていきます。これを降魔成道《ごうまじょうどう》と言います。正しい思想を世に弘めていくには、悪魔的なものとの戦いは避けられないのです。現代においても同じです。悟りの力で世を救おうとする宗教家を、邪魔しようとする勢力が出てきます。その一つに悪質な週刊誌ジャーナリズムがあるわけですが、それはまさに悪魔の働きです。

悪魔というのは、人を惑わし、地獄に引っ張り込もうとする存在です。だからこそ、悪魔は、人を正しく導こうとする正しい宗教が一番嫌いなのです。

しかし、救世事業の妨害は、人を殺すよりも、核爆弾を落とすよりも重いという事実があるのです。釈尊が仏教を開き、イエスが神の教えを説いたことで、どれほど人類が救われたでしょうか。もし、その活動が途中で頓挫《とんざ》していたとしたら、どれほどの損失を人類に与えたでしょうか。その罪は、殺人や戦争どころではないでしょう。

決して週刊誌のすべてが間違っているとは言いません。ただ、戦後、週刊誌ジャーナリズムは、人々の欲望を煽り、人々を正しい方向へ導こうとする宗教を非難中傷することで部数を伸ばしてきたのは事実です。日本がこれからさらなる繁栄を実現しようとするならば、そうした戦後の悪しきカルチャーを改める必要があります。

それを変えていくのは誰でしょうか。それはほかでもない、心あるジャーナリスト、信仰心のあるジャーナリストということになります。本書を読んでジャーナリストを目指す人は、ぜひ、そうしたジャーナリストとなって、良心的でユートピアを地上に建設するための一助となるマスコミをつくっていただきたいと思います。

【主な参考文献】
大川隆法著『「週刊新潮」に巣くう悪魔の研究』幸福の科学出版
大川隆法著『政治の理想について』幸福の科学出版
大川隆法著『正義の法』幸福の科学出版
大川隆法著『不成仏の原理』幸福の科学出版
大川隆法著『沈黙の仏陀』幸福の科学出版
大川隆法著『バーチャル本音対決』幸福実現党
大川隆法著『発展思考』幸福の科学出版

大川隆法著『霊的世界のほんとうの話。』幸福の科学出版
大川隆法著『「仏陀再誕」講義』幸福の科学
大川隆法著『巨大出版社　女社長のラストメッセージ　メディアへの教訓』幸福の科学出版
大川隆法著『信仰論』幸福の科学
里村英一・綾織次郎編『スピリチュアル・エキスパートによる文部科学大臣の「大学設置審査」検証(下)』幸福の科学出版
小保方晴子著『あの日』講談社
「ザ・リバティ」通巻196号：2011年6月号「幸福の科学に〝宣戦布告〟週刊新潮に正義はあるのか」幸福の科学出版
「AERA」通巻1552号：2016年3月7日号「なぜ週刊文春だけがスクープできる?」朝日新聞出版社

第四章

テレビメディアの課題と可能性

奥津貴之

1 テレビメディアによる黙殺権の濫用

テレビにおけるリベラル・バイアス（革新偏向）

第四章では、日本のテレビメディアの現在置かれている状況と課題について、大川総裁が指摘した「マスコミの黙殺権」という観点から考えていきます。

黙殺権とは、第一章でも触れたように、マスコミがある特定の事象について「取り扱わない」「報道しない」ことによって、その出来事がなかったことにできるという〝権利〟のことです。

何を伝え、何を黙殺するかはテレビ局によって決められます。そこに何らかの意図が働く場合もありますし、選択する側の見識が低く、誤った報道がなされた時は、世論が誤った方向に誘導される場合もあります。

次ページの図表4は、2013年、2014年にそれぞれ成立した「特定秘密保護法」「安保法制」について、地上波キー局の主要なテレビ報道番組がいかに報じたかをその放送時間から分析したものです。全放送局の放送時間を加算した場合、その割合は特定秘密保護法で賛成26：反対74、安保法制で賛成11：反対89となっています。特に安保法制については、「憲法違反か否か」という論調の報道は目立ちましたが、「なぜ、この安保法制の成立が急がれているのか」について、日本が直面している中国の南シナ海への領土拡張の動きと関連して報道されることは稀《まれ》でした。

また、安保法制に反対する学生団体SEALDs《シールズ》を派手にとり上げながら、賛成派のデモはとり上げないなど、テレビ報道はあたかも安保法制反対が世論であるとする方向で行われました。幸いにしてこれらの法案は可決されましたが、これら

【図表4】 両論放送時間比較　一般社団法人日本平和学研究所調べ

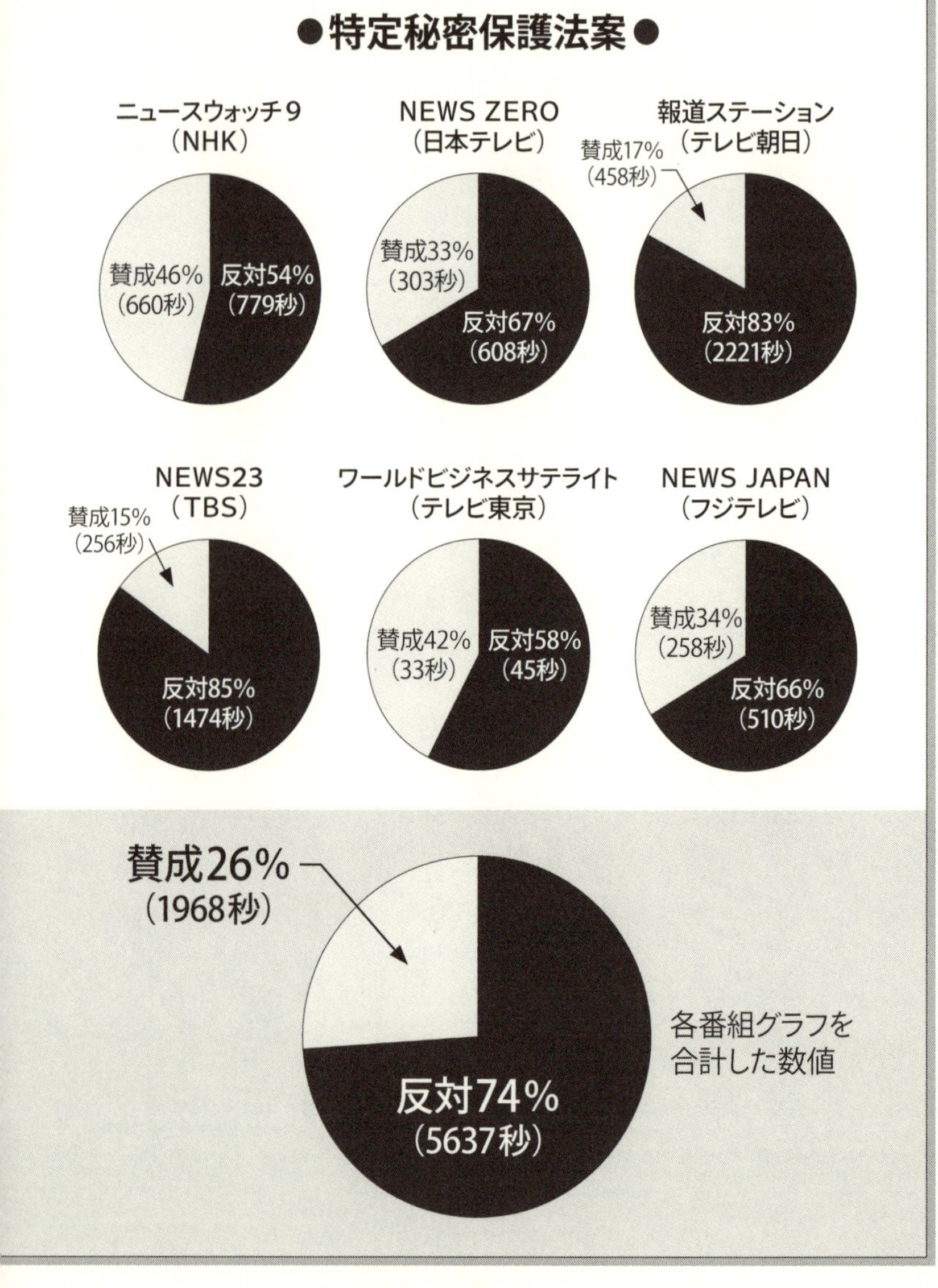

●安保法制●

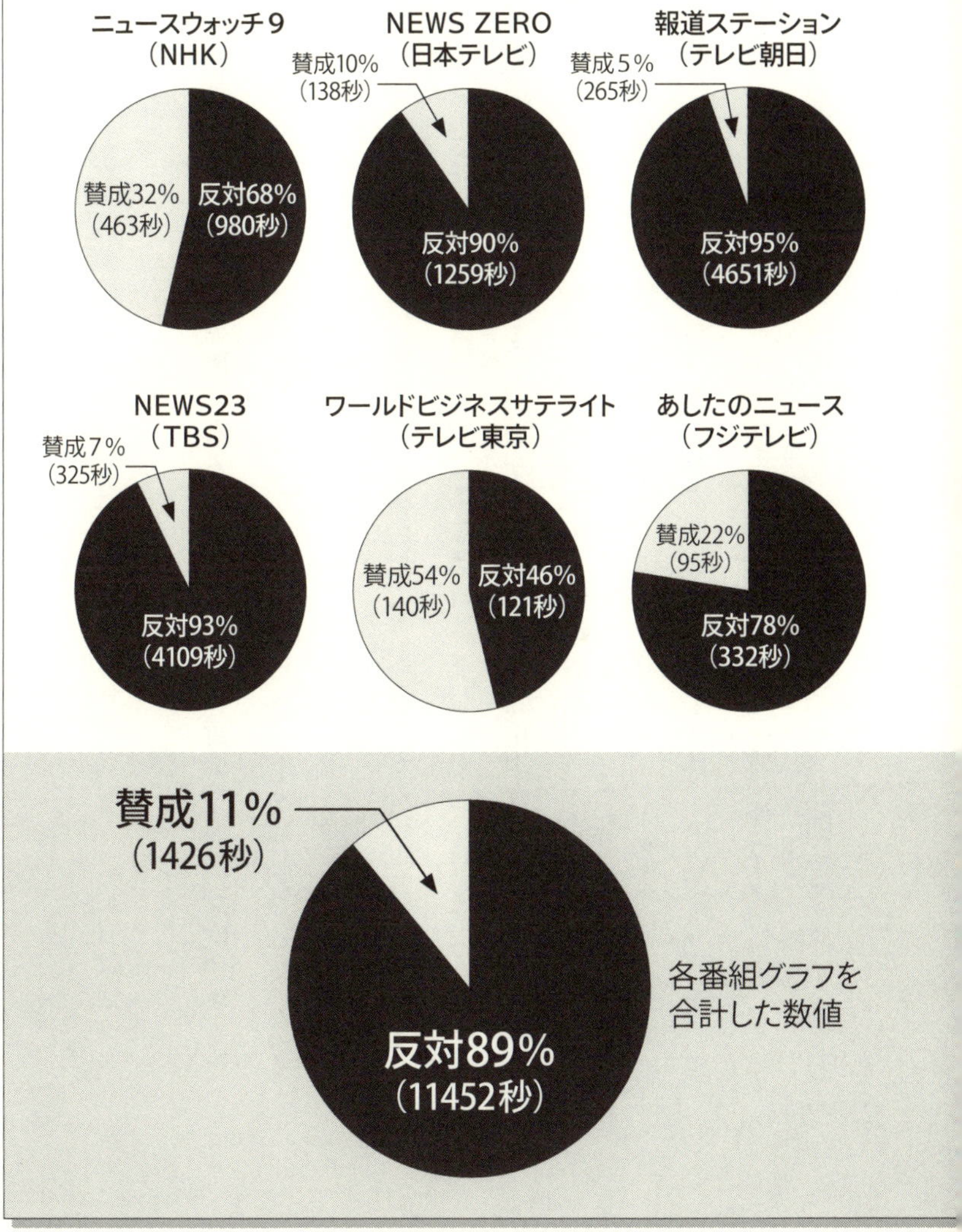
ニュースウォッチ9
（NHK）
賛成32%
（463秒）
反対68%
（980秒）
NEWS ZERO
（日本テレビ）
賛成10%
（138秒）
反対90%
（1259秒）
報道ステーション
（テレビ朝日）
賛成5%
（265秒）
反対95%
（4651秒）
NEWS23
（TBS）
賛成7%
（325秒）
反対93%
（4109秒）
ワールドビジネスサテライト
（テレビ東京）
賛成54%
（140秒）
反対46%
（121秒）
あしたのニュース
（フジテレビ）
賛成22%
（95秒）
反対78%
（332秒）
賛成11%
（1426秒）
反対89%
（11452秒）
各番組グラフを
合計した数値

の報道は、テレビ局の見識の低さが世論を誤った方向に誘導しようとした典型的な例だと言えます。

こうした事態を引き起こす原因になるのが、テレビ報道の左翼的傾向です。これは、アメリカでも「リベラル・バイアス（革新偏向）」として指摘されているものです。アメリカ国民全体の調査ではリベラル、中道、保守の割合が3分の1ずつになるのに対して、メディア関係者の場合は、リベラルが65％と飛び抜けて高い割合になりました。日本においてはこのような調査は行われていませんが、実際のテレビ報道の論調を見ると、左寄りであることを公正中立と考えているかのような偏りが見られます。（前嶋和弘著『アメリカ政治とメディア』54ページ）

また、テレビメディアによる情報の黙殺は反体制的にだけ行われるのではなく、政府に接近したかたちでも行われています。２０１６年3月、田原総一朗氏、岸井成格氏らジャーナリスト5人が、高市早苗総務大臣の「放送法4条に反した場合、テレビ局の電波停止もありえる」という発言に抗議し、外国特派員協会で会見を行いました。もともとこの会見はテレビメディアに対する政府の圧力を批判するために行われたものでしたが、「具体的にどんな圧力があったのか」という質問に、「政府からの具体的な圧力はない。テレビ局の自主規制だ」と複数名が回答したため、むしろ政府の意向を過度に気にするテレビ局の体質が露呈してしまったのです。

つまり、政府からの圧力がない場合でも、テレビ局は自主規制というかたちで政府の意向を忖度《そんたく》し、伝えるべきニュースを黙殺している可能性があるということです。政権によっては、もっと露骨なかたちでテレビ局に圧力をかける可能性もあります。その場合、ニュースの黙殺はさらに加速されることでしょう。

総務省による許認可事業であるテレビ局と政府との距離の近さはしばしば指摘されますが、こうした政府とテレビ局の距離感は、視聴者が知らない間に、政府の意向に沿ったかたちで世論が誘導される危険性を示唆しています。

さらに、宗教ジャーナリズムの立場から「マスコミの黙殺権」の問題を挙げるならば、テレビ報道における「宗教」の扱いがあります。現在、テレビ局は宗教、特に新宗教についてとり上げることはほぼありません。とり上げる場合も、その団体が問題を起こした時に限られています。この宗教を黙殺する根拠はあいまいで、テレビの内容規制をしている放送法にも、「日本民間放送連盟　放送基準」にも宗教をとり上げない旨は明文化されていません。

にもかかわらず、特に新宗教についてテレビ局が一律にとり扱わないのは、先ほども述べた自主規制というあいまいな基準にしかすぎません。戦後の唯物的風潮に流され、何の根拠もなく人間にとってもっとも大切な宗教に関して黙殺を続けることは、国民の「知る権利」を阻害し、健全な民主主義の醸成を妨げる、テレビ報道のもっとも大きな問題だと言えます。

日本のテレビ報道は多元化しているのか？

このように、テレビ報道には、「情報を伝えない」という側面があります。ただ、それ自体が悪いわけではありません。すべてのメディアはニュースの取捨選択を行います。それが各メディアの特色を表すことになりますし、高い見識によって情報の取捨選択が行われた場合には、高い付加価値を生みます。

問題になるのは、テレビにおいて報道メディアの多様性が充分でない場合です。

大川総裁は次のように述べています。

「民主主義においては、メディアを多様化して、その公正を保つべきである。マスコミが世論を操縦していかないように、その公正を担保すべきである」と言ったのは、十九世紀の政治思想家で、『アメリカの民主政治』を書いたトクヴィルという方です。民主主義の守護神のような方が、そう言っているのです。

アメリカでは、当時から、「新聞は民主主義にとって非常に大事だが、場合によっては、そこに独裁権力が出てくる可能性がある。それに支配されたら大変なことになるので、いろいろな新聞を出すようにしたほうがいい。それによって、そうした独占的な支配は薄らぐし、また、多様な意見というものを反映することもできるようになる」と言われていました。これが大事な解決方法なのです。

『愛、悟り、そして地球』38－39ページ

個々のテレビ報道に偏りがあったとしても、テレビメディア全体として報道のプルラリティ（複数性）が実現されていれば、世論が誘導される危険性は薄まります。仮に、あるテレビ局がニュースを黙殺して世論を一定の方向に導こうとしても、他局がそれを報じれば、結果として国民は知るべき情報を手に入れることができる

からです。

日本のテレビ放送メディアは、現在、多様な情報源を確保し、多様な言論を提供できているのでしょうか。

建前としては、日本の放送行政は「マスメディア集中排除原則」に則って情報源の多元化を行っているため、言論、報道の多様化が実現していることになっています。しかし、その実態はどうなのでしょうか。

次節では、現在の日本におけるテレビメディアの現状を、地上波、衛星無料放送、有料放送に分けて分析していきます。

テレビ報道の概要

2 日本のテレビ放送事業の現状

① 地上波テレビ放送の現状

まず、地上波テレビ放送ですが、日本には127社のテレビ局が存在します（総務省調べ、2016年9月発表）。公共放送であるNHKは全国に支局を持ち、一社で全国放送を行っています。しかし、民放局は原則として県域放送しか行えないため、東京のキー局と呼ばれる5局を中心に、日本テレビ系列（NNN）、テレビ朝日系列（ANN）、TBS系列（JNN）、テレビ東京系列（TXN）、フジテレビ系列（FNN）という五つの系列を形成し、そのネットワークによって事実上の全国放送を行っています（系列に属する地方局は109社。その他13局は独立地方局）。

キー局と系列の地方局はそれぞれ独立資本であり、かたちの上では対等な関係にありますが、番組制作や広告費の配分で圧倒的な主導権を持つキー局に対して地方局は依存せざるをえず、発言権は非常に小さいものになっています。

キー局は自社の番組を首都圏だけでなく、系列の地方局を通じて、全国で放送しています。その結果、地方局の番組表はキー局の番組であふれ、地方局が自社制作する番組は平均10％にすぎません。なぜ、このような状況になっているかというと、地方局はキー局が提供する番組を流すだけで、キー局から「電波料」というカネを受け取ることができるからです。電波料は地方局一社あたり平均して年間10億円にのぼります。わざわざ、制作費を使って自社で番組をつくらなくても、キー局の番組をそのまま流すだけでカネが入ってくるわけですから、自社制作比率が低くなるのは当然です。この仕組みのために、地方局はキー局と対等な関係をむすぶことができず、事実上、キー局の〝支局〟的な立場に甘んじていると言ってよいでしょう。（吉野次郎著『テレビはインターネットがなぜ嫌いなのか』参照）

キー局はこの仕組みのおかげで、自社の放送区域を超えた全国放送を実現し、ナショナルスポンサーから多額の広告費を得ています。その結果、テレビ局の主な収入に当たる広告費全体の50％をキー局5社が独占し、残りの50％を121社の地方局が分けあうという構図ができているのです。

報道においても地方局独自のニュースは各地域のものに限定され、キー局が地方局のローカルニュースを集めて全国ニュースとして配信するというかたちになっています。

つまり、地上波テレビは、番組制作、収入構造、報道の側面から見ると、NHKと民放キー局5社によって事実上、寡占されているのです。

②BS無料放送の現状

これはほかのテレビ放送でも同様です。

BS無料放送も、報道の観点から見た時には、NHKと民放キー局5社によって寡占されていると言えます。

BSテレビ放送事業者は20社ですが、無料放送を行っているのは、NHKと地上波民放キー局5社の子会社、放送大学、日本BS放送、ワールド・ハイビジョン・チャンネル、ブロードキャスト・サテライト・ディズニーです。そのうち、独自の報道機能を持つのは、NHKと民放キー局子会社5社、日本BS放送のみとなります。

地上派系のBS局には独自報道番組もありますが、その情報源は、基本的には地上波キー局の報道網に依存しています。日本BS放送も独自の報道を行っていますが、まだその規模は十分ではありません。

③ その他有料放送の現状

有料放送においても地上波キー局の報道網依存の傾向は変わりません。

有料テレビ放送を行っているのは、BS放送10社、CS放送27社で、ほとんどがエンターテインメント、スポーツ、趣味を扱う専門局です。報道を扱うのは、民放キー局の子会社3社によるニュースチャンネル、そしてアメリカのCNN、イギリスのBBCです。

ケーブルテレビの事業者は510社ありますが、そこで放送されている内容のほとんどは、地上波、BS、CS放送の再配信で、独自のチャンネルはコミュニティチャンネルと言われる市町村レベルの番組しかないため、やはり独自の報道機能はほぼ存在しないと言ってよいでしょう。

テレビ報道寡占の問題

テレビ局の放送主体は地上波127社、BS20社、CS27社、ケーブルテレビ510社と多数存在しているため、見かけ上は、情報源の多元化が実現しているように見えています。

しかし、これはあくまで見かけ上のものです。前述したように民放地上波においては、キー局が番組の90％を制作しており、その他、BS、CS、ケーブルテレビなど他の放送形態でも報道の情報源は事実上、NHKと民放5局の6社が寡占《かせん》しています。

つまり、実際には日本のテレビ放送において、情報源の多元化は行われていないということです。「マスメディア集中排除原則」はかたちだけのものになっています。ここに日本の放送行政の大きな欠陥があります。

さらに問題となるのは、全国紙とキー局の資本関係です。民放キー局5社は、日本テレビ放送網＝読売新聞、テレビ朝日＝朝日新聞、TBS＝毎日新聞、テレビ東京＝日本経済新聞、フジテレビ＝産経新聞というかたちで全国紙と資本関係にあり、「全国紙・キー局」結合体という日本独自の形態を築き上げています。本来なら別々の報道機関であるテレビ局と新聞が資本関係にあるため、相互のメディアチェックが不十分となっているのです。

政府主導で行われてきた放送行政

現在のNHKと民放キー局5社による報道の寡占と、全国紙・テレビ局の系列化は、放送許可制度を管轄する旧郵政省（現・総務省）による行政指導の下に実現したものです。この実現の過程で、旧郵政省と新聞、テレビ局の癒着《ゆちゃく》は、たびたび、指摘されています。

日本の放送行政の方針は、事実上、地上波のNHKと民放キー局の5局系列体制の維持にありました。BS放送、ケーブルテレビなどの新たな放送形態の誕生以降も、この地上波の系列体制維持の方針は続きました。

例えば、NHKに続き、新たなBS民放放送が始まる際、旧郵政省は新規参入を認めず、既存の地上波民放キー局の子会社5社のみに許可を与えました。これに対して舟田正之などの一部識者は、「新規参入者を全く排除するような割当てにも疑問が残る」と指摘しましたが、結局この指摘は黙殺されました（船田正之「放送衛星のデジタル化と規制システム」『立教法学　四九号』48ページ）。

イギリスでは地上波デジタル放送への移行の際、新規参入を進め、結果、50チャンネルの多チャンネル化を実現しましたが、日本は地上波の高画質化、ハイビジョン化のみを行い、多チャンネル化、およびテレビ局の新規参入を一切行いませんでした。

また、日本では、テレビ局の新規開設が事実上不可能なため、ソフトバンクの孫正義《そんまさよし》氏、ライブドアの堀江貴文《ほりえたかふみ》氏、楽天の三木谷浩史《みきたにひろし》氏らは外資と組んでキー局買収を試みましたが、いずれも失敗に終わっています。こうしたキー局買収騒動ののち、旧郵政省は放送法を改正し、それぞれ外資が放送局の20％以上の株式を取得できないという外資規制、放送局の株式保有率の上限の引き下げを行い、事実上テレビ局の買収を行えないようにしました。

日本と対照的なアメリカの放送行政

こうした日本と対照的なのが、アメリカの放送行政です。アメリカの放送行政は、「多様かつ相対する情報源から広範な情報を発信することが公共の福祉にとって必要不可欠なものである」という考え方を基本理念として行われています。

アメリカ放送行政を監督する独立行政法人連邦通信委員会（ＦＣＣ）は少数の放送局による独占を規制すると共に、放送業界の競争を促し、業界全体の活性化を進めています。その結果、アメリカでは地上波による寡占ではなく、ケーブルテレビ、衛星放送などを通じた多チャンネル化が進み、三大ネットワークに伍する影響力を持つフォックス放送（ＦＯＸ）やＣＮＮなどの新しいテレビ局が生まれています。

アメリカの放送行政で特徴的なのは、「フェアネス・ドクトリン（公平原則）」を廃止したことです。ＦＣＣは１９８５年にテレビ局の多チャンネル化を踏まえ、「もはや電波の希少性は存在せず、『フェアネス・ドクトリン』は言論を促進せずに抑止している」という主旨の報告書を出し、続く１９８７年に「『フェアネス・ドクトリン』は合衆国憲法修正一条の権利を委縮させるもので憲法違反にあたる」という判断の下、廃止を決定しました。

その結果、「リベラル・バイアス」が指摘されていたアメリカにも、明確な保守の立場をとるFOXニュース、逆にリベラルなスタンスを明示するMSNBCなど、自らのスタンスを明確にするテレビ局が誕生し、テレビ言論は多様化しました。

こうした日米の放送行政の違いは、日本の国家社会主義的考えと、「思想の自由市場」を信奉するアメリカの自由主義という、根底にある考え方の違いの表れだと言えます。役所の行政指導の下、古い体制を維持しようとする日本と、テレビ局間の競争を促すことで、全体を活性化させてきたアメリカ。例えば、現状、日本では、CNN創始者テッド・ターナー氏のように、赤字の地方局を買収し、独自に通信衛星を打ち上げ、そこから各ケーブルテレビに番組を配信するといった新たなビジネスモデルを生み出すことはできません。従来のテレビ行政の枠を守るために、さまざまな規制が存在しているからです。

アメリカの放送行政をすべて肯定するわけではありませんが、少なくとも日本の放送行政からはCNNのような国際競争力を持つテレビ局は誕生していませんし、テレビ報道の多様化も進んでいません。

日本のテレビの広告収入は現在減少傾向にあり、地方局の経営は厳しい状態にあります。中長期的に見れば、日本の放送行政が推し進めてきたＮＨＫと民放キー局５系列体制が崩壊することは間違いありません。

規制を排して、大胆な発想を持つ企業家の輩出を可能にする自由主義的な放送行政への転換こそが、日本の放送業界の生き筋であると言えます。

その方針転換は、テレビメディアの偏向による国民の「知る権利」の阻害の問題解決につながりますし、今後のテレビ業界全体の発展にもつながります。今こそ、日本は寡占から多元化へと放送行政の方針を転換するべき時ではないでしょうか。

3 テレビメディアの情報鎖国

海外情報を黙殺する日本のテレビメディア

もう一つ、日本のテレビメディアの課題を挙げるならば、海外情報についての扱いです。

大川総裁は日本のテレビメディアの報道姿勢について次のように述べています。

「視野を広げる」ということに関して述べるならば、外国のマスコミは偉いと思うのです。世界各国の危険地帯でも、一生懸命、取材に入っています。それに対し、日本のマスコミはほとんど姿が見えません。「世界が報道してから、事後報告的に報道する人が少しだけ現地に入る」ということがほとんどです。これでは、サムライ精神が足りません。（中略）

国民は、もっと世界の情報を知りたいのです。（中略）

現在の日本のマスコミは、報道内容のバランスが非常に悪いので、地球的視野で情報を集めて分析するように変身していく必要があります。

『日本の繁栄は、絶対に揺るがない』227-229ページ

2015年11月に起きたパリ同時多発テロについて、日本のテレビメディアはリアルタイム報道を行わず、通常の番組を放送し続けていました。もちろん、後追いでの報道はなされましたが、海外報道と日本のテレビ報道の格差は、各方面から批判を受けました。また、大川総裁が指摘するように、危険地帯での現地取材の数は限られていますし、そもそも日本国内で黙殺され、報道されないままにな

っている海外のニュースは挙げればきりがありません。

もちろん、テレビ局側からすれば、「視聴率がとれない」「報道体制をとることが難しい」などの言い分はあるでしょう。しかし、国内で最大の影響力を持つメディアであるテレビが海外ニュースを報道しないのは、やはり国民の「知る権利」の阻害に当たります。こうしたテレビ報道のあり方は日本の国際化を妨げていると言わざるをえません。

国際テレビ放送の多元化

さらに、日本のテレビメディアの課題は、海外発信の弱さです。

近年、国際社会に対して発信を行う国際テレビメディアが相次いで誕生しています。先駆者であるイギリスのＢＢＣ、アメリカのＣＮＮ、２０００年代に入ってからは中東カタールのアル・ジャジーラ、ロシアのRT（ロシア・トゥデイ）、中国のCCTVなどが台頭し、世界的に視聴者数を伸ばしています。こうしたメディアはインターネットでの情報発信も積極的に行っているため、テレビ放送を観ることができない国や地域においても影響力を強めています。

こうした各国の国際テレビ放送の台頭に対して2011年、当時国務長官だったヒラリー・クリントン氏は、「アメリカは情報戦争に負けつつある」と危機感を表明しました。

この発言の奥には、国際放送においてアメリカの影響力が相対的に低下している事実があります。欧米メディアが国際テレビ放送を独占していた時代には、情報源が一元的だったため、アメリカ的価値観が国際的な正義として国際社会で影響力を持つことができました。しかし、インターネットや各国の国際テレビ放送の台頭によって多元的な情報が提供されるようになると、状況は大きく変化しました。1990年、第一次湾岸戦争の際にはテレビ報道を欧米メディアが独占していましたが、2001年のアフガン侵攻、2003年のイラク侵攻では、アル・ジャジーラが中東側の視点で報道を行いました。（ヒュー・マイルズ著『アルジャジーラ　報道の戦争』参照）

また、2014年のウクライナ危機は、ウクライナ国内の親欧米派と親露派の対立でしたが、欧米メディアが軒並み欧米寄りの反政府デモ隊側に立った報道をするなか、RTは親露派を中心に報道を行いました。当時の米国務長官ジョン・ケリー氏はRTを「プロパガンダ拡声器」と非難しましたが、これはアメリカの主張と違うロシアの主張がリアルタイムで世界に発信されることに対しての危機感を反映したものと言えます。

かつては黙殺され、伝えられることのなかった側の主張が、現在ではリアルタイムで国際社会に発信されるようになったのです。これは20世紀にはなかった現象です。

従来は、欧米的価値観から見た「世界」しか知ることができなかった人々が複数の視点から「世界」を知ることができるようになったのです。

メディアは意図的なものであれ、無意識のものであれ、それが属する国や文化固有の考え方や価値観の影響を受けるため、どうしても報道に偏りが見られます。それは特に、異なった文化圏に対する報道に顕著に表れます。

欧米メディアは、「イスラム圏」や「ロシア」を自分たちとは違う価値観を持つ遅れた社会として報道することが多く、こうした傾向はしばしば日本についての報道にも表れます。

例えば、慰安婦問題に関する欧米の報道は、「かつて日本はナチスドイツと同じファシズム国家だったのだから、ひどいことをやったに違いない」という偏見の下になされています。そのため、「慰安婦の強制連行はなかった」という主張は日本のエゴイズム、歴史的事実を認めない「歴史修正主義」として否定的に報道されるのです。

国際報道が欧米によって独占されていれば、国際世論はどうしても欧米寄りに傾きます。そもそもテレビが誕生する以前の19世紀から、国際報道は欧米の独占市場でした。イギリスのロイター通信、フランスのＡＦＰ、アメリカのＡＰ通信、ＵＰＩなど、わずか数社の欧米の通信社が長年にわたり世界中にニュースを独占的に配信し、世界の情報を支配してきたのです。

その意味で、国際秩序においてアメリカの一極支配が崩れ、多極化が始まった21世紀初頭に、欧米以外の国際テレビ放送が台頭してきたのは必然の流れだったと言えます。国際テレビ放送を手にすることで、欧米以外の文化圏も国際的な発言権を持ち、存在感を示すことができるようになったのです。

国際テレビ放送メディアでの海外発信の強化を

これに比べ、現在の日本はどうでしょうか。ＮＨＫワールドが国際放送を行っていますが、国内ニュースが中心で海外の視聴者を積極的に獲得しようという姿勢は見えません。海外に目を向けない日本は〝情報鎖国〟とでも言うべき内向きな心性に安住しているのです。

戦前の日本には、現在のアル・ジャジーラ、RTと同じ発想でつくられた同盟通信社という通信社がありました。日本に世界各国の情報を集め、日本独自のニュースを世界に発信するために設立された同盟通信社は、欧米列強による国際報道の独占支配を打破し、最盛期にはロイター、APと肩を並べる三大通信社となりました。（里見脩著『ニュース・エージェンシー』参照）

しかし、残念なことに、その影響力を恐れたGHQによって敗戦後すぐに解体されています。同盟通信社は日本を戦争に導いた国策通信社としてしばしば批判されますが、その運用はともかく、世界にニュースを配信する通信社をつくり上げた戦前の日本人の気概には見習うべきものがあります。彼らは「日本が真に独立を果たすためには、欧米列強による報道独占体制から脱する必要がある」という問題意識の下に、独自の国際通信社を立ち上げたのです。

戦後70年以上、日本は独立国として当然考えるべき論点に目を向けず、「一国平和主義」の国是の下に鎖国体制をとり続けてきたと言えます。それは安全保障面だけでなく、マスコミの海外情報、海外発信への無関心にも表れています。

こうした日本のマスコミの問題点を大川総裁は次のように指摘しています。

日本のマスコミは、アメリカやイギリス、ロシア、韓国であろうと、中国や北朝鮮であろうと、外国のマスコミが言っていることは、そのまま正義であるかのように捉え、「外国のマスコミが言っているから、そのとおりです」というような報道の仕方をしていますが、こういう態度は「腰抜け」といいます。はっきり言って、恥ずかしいことです。

まずはディベートに持ち込まなければいけません。やはり、こちらの主張を述べて言論を戦わせなければいけないのです。（中略）

日本は、世界に向かって、きちんと、ものを言い、情報を発信して、手本とならなくてはいけません。それだけの自信を持つ必要があります。

サムライ精神には、悪い面だけではなく、良い面もあります。

やはり、しっかりと肚《はら》を据えて、言うべきことは言い、交渉すべきことは交渉し、相手が間違っているものについては、「間違っている」と言うことです。「正しいことを貫くためには命をも懸ける」という覚悟を持つことが大事です。

そうであってこそ、日本は、まっとうな国になれるのです。

『創造の法』226-229ページ

国際社会において日本が存在感を持ち続けるためには、やはり、国営であれ、民間であれ、国際テレビ放送が必要です。

中東の小国カタールは、アル・ジャジーラというテレビ局一つで知名度を上げ、中東における存在感を増しました。ロシアもRTによってそのイメージを変えつつあります。国際テレビ放送による海外発信の必要性はしっかりと議論されるべきです。国際テレビ放送を持つことは、日本の情報鎖国体質を変えていきます。世界各国の取材網から上がってくる独自のニュースは、国内においても視聴者獲得につながるはずです。

地球的正義という視点

今後の国際テレビ放送には、単なる一国の利益を離れた視点も要求されるようになると思われます。それは、地球的正義という視点です。

もちろん、各民族や各国に、「自分たちを護りたい」「自分たちの平和を望みたい」という気持ちがあることは事実でしょう。

しかし、もう一段大きな地球的レベルにおいて、「正義とは何か」「正しさとは何か」「真理とは何か」というテーマが、常に検証され続けなければならないと思います。（中略）やはり、世界のレベルにおいて、また、未来の視点から見て、「何が正しいのか」ということを、常に考え続けなければならないのです。

『正義の法』257-259ページ

世界は、今、地球規模で一つになろうとしています。こうした時代にあって、国際テレビ放送はさまざまな価値観を知る縁としての役割を果たしています。しかし、それぞれの国際メディアには、それが属する国や文明圏の正義を代弁している面があり、単にそれぞれの立場の主張に終わった場合、価値観や文明の衝突を激化させる怖れもあります。

これからの国際テレビ放送は、それぞれの国の大義や価値観を代弁する役割のみならず、最大多数の最大幸福を実現する地球的レベルでの正義とは何か、そして、その実現のために何ができるかを世界中の人々に投げかける役割を求められるでしょう。

国境を超えた国際テレビ放送だからこそ、それぞれの違いを超え、同じ地球に生きる「地球人」としての意識を醸成することに貢献できるはずです。これがテレビというメディアが今後、実現していくべき課題であると考えます。

【参考文献】

大川隆法著『愛、悟り、そして地球』幸福の科学出版
大川隆法著『日本の繁栄は、絶対に揺るがない』幸福の科学出版

大川隆法著『創造の法』幸福の科学出版
大川隆法著『正義の法』幸福の科学出版
前嶋和弘著『アメリカ政治とメディア』北樹出版
吉野次郎著『テレビはインターネットがなぜ嫌いなのか』日経BP社
立教法学会編『立教法学　四九号』有斐閣
ヒュー・マイルズ著『アルジャジーラ　報道の戦争』光文社
里見脩著『ニュース・エージェンシー』中公新書
佐藤卓己著『メディア社会』岩波新書
『平成27年度版情報通信白書』総務省
湯淺正敏ほか著『メディア産業論』有斐閣
舟田正之著『放送制度と競争秩序』有斐閣
遠藤薫編著『間メディア社会の〈ジャーナリズム〉』東京電機大学出版局

第五章

マスコミの「黙殺権」全体主義を打ち破る

綾織次郎

1 「隷従」へと向かう日本のマスコミ

「日本のマスコミは争点を隠す」

外国人特派員協会に所属する中東出身のあるジャーナリストは、2016年に行われた日本の参院選とアメリカの大統領選を比較してこう語りました。

「アメリカの大統領選では、外交・国防政策などすべての政策が議論されています。メディアは（政治家に）どんなテーマでも問うべきです。しかし、日本の選挙では、経済政策だけ議論されており、おかしいと思います。日本のマスコミは（争点を）ずらしたり、隠したりしています」

世界各国の政治・経済の動きを取材し報道する国際ジャーナリストの目には、日本のマスコミの「黙殺権」が異常に映るようです。

確かにアメリカ大統領選では、あらゆるテーマが1～2年かけて議論されます。大詰めを迎えている2016年9月には、「最高司令官フォーラム」と銘打って、共和党候補のドナルド・トランプ氏と民主党候補のヒラリー・クリントン氏を迎えたイベントが行われました。

退役軍人の会や3大ネットワークのNBCが主催したもので、両氏にさまざまな質問を投げかけ、最高司令官（Commander-in-Chief）としてどちらが相応《ふさわ》しいのかを点検しました。

日本のマスコミが隠すのは争点だけではありません。候補者そのものを「いなかった」ことにすることもできてしまいます。

第一章でも述べた通り、2016年7月の都知事選では、東京の民放キー局は夜のニュース番組で、小池百合子《こいけゆりこ》氏、増田寛也《ますだひろや》氏、鳥越俊太郎《とりごえしゅんたろう》氏の「主要3候補」

だけを集中して報じ、残りの18人の候補者について報じた時間は、知事選報道の3％にすぎませんでした（7月18〜22日の調査）。大手新聞に至っては、「主要3候補」以外の報道は0％でした（同期間の朝日、毎日、産経の記事本文についての調査）。

テレビ局の報道姿勢をめぐっては、放送法4条で「政治的に公平であること」と定めています。また、日本新聞協会の「新聞倫理綱領」は、「新聞の責務は、正確で公正な記事と責任ある論評によってこうした要望にこたえ、公共的、文化的使命を果たすことである」と宣言しています。

しかし、都知事選の報道を見ると、「公平」「公正」のスタンスは失われていると言わざるをえません。

危機が現実になっても国防問題を「黙殺」

各新聞、テレビ局の報道がほとんど一色に染められてしまうことも多くあります。

２０１４年４月の消費税８％への増税も、２０１７年４月からの同10％への増税も、主要紙はすべて大賛成していました。その結果は２０１４年のマイナス成長です。また、14年、15年とも消費支出がマイナスになりました。しかしマスコミの側から「間違っていました」という言葉は聞こえてきません。

背景には、消費税をどんどん引き上げていかなければ、社会保障が成り立たなくなる現実があります。今のままの社会保障を維持するならば、消費税は70％近くまで上がります。

もしくは、国民の資産をすべて把握するマイナンバー制度を駆使して高額の相続税をかけ、〝消費税70％分〟を回収するしかありません。

これは、「地獄への道は善意で舗装されている」ということわざを地で行くものです。

政府が国民の面倒をすべて見る社会主義体制は、経済学者・哲学者ハイエクの言う「隷従《れいじゅう》への道」ですが、これに異を唱える大手マスコミは存在しません。

外国人ジャーナリストが言うように、国防問題になると、「黙殺権」はさらに切れ味を増します。

2016年9月の5回目の核実験を見て、北朝鮮は核の小型化に成功し、核弾頭を持ったとアメリカ政府は分析しています。グアムに届く中距離ミサイル「ムスダン」や、潜水艦発射の弾道ミサイル（SLBM）の発射実験にも、同年初めて成功しました。

日本やグアムの米軍基地を攻撃したり脅したりする核ミサイルの完成が間近に迫ったというのが、2016年前半の出来事でした。

一方、中国については、核弾頭ミサイルを積んだ最新鋭の原子力潜水艦が2016

年に太平洋に配備されるとの見通しをアメリカ国防総省が示しています。

つまり、中国はアメリカ西海岸をいつでも核で脅せる態勢を今年、完成させるということです。台湾や沖縄が中国に侵略されてもアメリカが動かない可能性がより一層高まります。

それでもマスコミは、参院選の争点で国防政策を「黙殺」しました。

これにより、中国、北朝鮮に対する日本の「奴隷の平和」「隷従の平和」が現実化しようとしています。

2 政府と一体化するマスコミの「黙殺権」

権力の一部の「マスコミ省」

さらに大きな問題は、このマスコミの「黙殺権」が政府と一体化してしまっていることにあります。

マスコミがこぞって報じた都知事選の「主要3候補」のうち2人は、自民党の推薦候補、自民政権の元閣僚です（もう一人は元大手紙記者でマスコミそのもの）。

マスコミが推進した消費税増税とマイナンバーによる財産課税は、財務省の悲願です。

2016年の参院選では、安倍晋三首相は選挙でマイナスになりやすい憲法9条改正の訴えを封印し、与党の候補者はそれに足並みをそろえました。ある新聞社の調査では、参院選の公示日の街頭演説で、憲法改正について触れた与党候補は55人のうち1人だけでした。

しかしながら、2016年の参院選で大勝が決まったインタビューで安倍首相は「自民党としては、憲法改正は立党以来の悲願」と述べ、憲法改正論議を積極的に進めると表明しました。そして、各マスコミは「改憲勢力、衆参で3分の2超」と大見出しで報じました。「3分の2」は、憲法改正の発議が可能になったことを意味します。これは、政府とマスコミとの「あうんの呼吸」でしょう。

安倍首相は政権に返り咲いた2012年12月から参院選前まで、少なくとも計84回、大手マスコミ幹部と会食しています。民主党政権の3年余りでは首相3人の合計で11回です。

あまり政府の意向に沿った報道を続けていると、「〝マスコミ省〟や〝国営マスコミ〟として、国家権力の一部をかたちづくっている」と批判されても仕方ありません。

スターリン体制並みの全体主義に近づく？

なぜこれだけ政府とマスコミが〝癒着《ゆちゃく》〟しているかは、戦時中の言論統制に一つの理由があります。

戦前・戦中、政府は新聞の統廃合を進め、1937年に全国で約1200紙あった新聞を57紙にまで減らし、現在の大手紙と原則1県1地方紙の体制ができ上がりました（第一章参照）。戦後、GHQもこの体制を情報統制システムとして利用しました。

結果、政府が言論機関をコントロールするのに極めて都合のいい新聞体制ができ上がり、それが今まで続いています。

さらに、新聞社によるテレビ局の系列化が「言論統制体制」に拍車をかけています。

民放テレビは1950年代、政府から放送免許が与えられましたが、70年代、在京キー局、地方局とも、大手新聞社の下に系列化されています。

アメリカなど他の先進国では、新聞とテレビは独立した関係にあります。発行部数が100万部や800万部といった巨大新聞社もなく、地方ごと、都市ごとに多様な新聞があります。

これに対し日本の場合、系列グループを「1社」と考えれば、「5社」しかメディアがなく、そこに「黙殺」されれば、世の中にはその出来事が存在しなかったことにされてしまいます（NHKを含めれば「6社」）。

それを政府がコントロールでき、政権中枢の政治家が積極的に統制しようと動けば、ナチス・ドイツやソ連のスターリン体制並みの全体主義にいずれ近づいていくことすら考えられます。

3　自由な社会をとり戻すには

全体主義に対抗する「複数性」「自由の創設」

こうした「隷従への道」を引き返し、自由な社会をとり戻すにはどうすればいいのでしょうか。

大川総裁は、『「人間学概論」講義』でこう述べています。

不幸な社会をつくってしまった場合には、「不幸の社会に生きるのが人間だ」と考えるのではなく、根本に戻って、やはり、「人間とは、幸福を求める存在なのだ」という観点から見なければいけません。

そして、「どのように人間の自由を行使すれば、不幸な社会をつくり変え、幸福に生きられる仕組みができるのか」、あるいは「どういう政治的活動や言論活動、思想活動をすれば、幸福な社会をつくれるのか」ということを考えなければいけないのです。

『「人間学概論」講義』116ページ

自由な政治・言論・思想活動を守り、育て、広げていかなければなりません。

20世紀の哲学者ハンナ・アーレントは、ナチスやスターリン下の全体主義の本質を明らかにし、それに抵抗する思想を構築しました。そのキーワードが「複数性（プルラリティ）」と「自由の創設」です。

アーレントは主著『人間の条件』で、「複数性」を大切にする理由についてこう述べています。

「多数性（編著者注：複数性）が人間活動の条件であるというのは、私たちが人間であるという点ですべて同一でありながら、誰一人として、過去に生きた他人、現に生きている他人、将来生きるであろう他人と、けっして同一ではないからである」（同書21ページ）

「人間は一人一人が唯一の存在であり、したがって、人間が一人一人誕生するごとに、なにか新しいユニークなものが世界にもちこまれる」（同書289ページ）

唯一の存在としての一人ひとりが、政治に参加して新たな公的幸福をこの世に創り出そうというのが「自由の創設」です。

これは、市民が公開の自由な討論の場に参加して、国の命運を自分たちの責任で決めた古代ギリシャの直接民主制を理想とするものです。間接民主制の現代でも、その理想に近づくことが全体主義を遠ざけるとアーレントは考えました。

大川総裁は政治的自由の本質について、『政治哲学の原点』で解説しています。

「政治における自由」を私もかなり説いていますが、自由の根源は「プルラリティ（複数性）」だと思います。

人間には、人種が違ったり、性格が違ったり、生まれに違いがあったり、男女の違いがあったり、身体的に「強い」「弱い」があったり、職業に違いがあったりするように、「複数性」から国民は成り立っている面があるので、自ずと、いろいろな意見は出てくるものです。

その「複数性」をいちおう認めた上で、必要な議論をきちんと戦わせ、そして結論を導き、一定の結論が出たときに納得する文化をつくり上げていくことが、非常に大事なのではないかと考えます。

『政治哲学の原点』51－52ページ

これを実現するために、マスコミ改革が必要になってきます。

メディアの数を増やす改革

海外の先進国のメディアでは、「複数性」や「自由の創設」の考え方は常識とも言えるもので、日本のマスコミのような「黙殺権」は絶対にやってはいけないことに当たります。

政府と一体化し、五つの系列グループでまとまるマスコミの組織体制は、「複数性」とは正反対のものです。

19世紀の政治思想家で「民主主義の守護神」と言われるトクヴィルは、こう指摘しました。

「たくさんの言論機関がついに同一の道を歩きだしたならば、その長期的影響はほとんど逆らいがたく、世論といえども、しじゅう同じところを攻められ、ついには道を譲ってしまうであろう」（『アメリカのデモクラシー 第一巻（下）』33ペー

ジ）

「新聞の影響を中和する唯一の手段はその数を増やすことだというのは、合衆国の政治学の公理の一つである」（同書30ページ）

これを日本に当てはめるならば、選ぶべき方途は明らかです。徹底的な新規参入の自由化しかありません。

公共の電波の利用料を全国のテレビ局全社で政府に年間40億円程度払っています。営業収益は計3兆円程度なので、わずか0・1％で電波を〝仕入れ〟、その一千倍の利益を上げていることになります。

公共の電波は競争入札（オークション）もなく恣意《しい》的に割り当てられており、そこに利権が絡んでいます。

マスコミは建設業界などの特定の業界の利権を攻撃し続けている以上、こうした「電波利権」も考え直す必要があるでしょう。

そのためにも新規参入の自由化が必要で、競争入札制を導入すれば、政府の収入となる電波利用料は10倍にも跳ね上がると言われています。今より高い利用料を払ってでも参入したい企業が出てくるからです。

電波には、使われていない空いた周波数の領域がたくさんあります。500チャンネルぐらい新規開設できるようにすれば、政府の利用料収入は数十兆円になると言う識者もいます。

NHKはやはり、民営化すべきでしょう。CMを出す民間企業が十分育っていなかった1950年代のテレビ草創期に与えられた使命はすでに終わっています。

「民主主義の守護神」となる政治家・企業家の登場が求められている

アメリカやイギリスだけではなく、世界各国でこうした多チャンネル化は1980年代から進んできました。アメリカでは衛星放送やケーブルテレビも含めれば200チャンネル以上あります。香港《ホンコン》でも約200チャンネル、韓国でも約60チャンネルです。これだけあれば、ある程度の「複数性」「多様性」は確保できます。

アメリカでは多チャンネル化の過程で、ニュース専門のCNNや、米3大ネットワークに並ぶFOX、その他のスポーツや宗教のチャンネルが生まれてきました。移民のためにスペイン語などのテレビ局や人種の違いを意識した局もあります。

放送業界の著名な企業家としてはCNNの創設者デッド・ターナー氏がいます。同氏は地元テレビ局を買収して放送事業に参入しました。1980年、衛星放送へ転換し、世界初の24時間のニュース専門局として世界的なメディアへと発展させました。

日本のテレビ業界は、衛星放送も系列グループ化されてしまっています。しかし、テレビ局の「数を増やす」ことによって、自ずから大手新聞社の下での系列グループは、意味のないものになるでしょう。

一方、新聞については、第一章でも述べましたが、大手新聞社に株式公開を義務づけるということも一つの方法でしょう。

大手新聞社の多くは特定の一族が大株主になっていますが、どういう考え方を持っているのか世間にはまったくわかりません。国民からは見えない場所にいる人々が国民の幸・不幸を左右しています。これは、日本の民主主義にとって極めて不健全です。

欧米では、小さい地方紙は別にして大手新聞社は株式市場に上場しています。同じように日本でも、国民が大手新聞社の株を持てるようになれば、株主として意見を言えるようになり、民主主義的な存在になるでしょう。

こうして見ると、新聞業界は戦時体制を引きずり、テレビ業界は70年代からほとんど変化がなく、旧態依然とした世界だと言えます。各新聞社・テレビ局も新しい時代についていけていないのではないでしょうか。その象徴が、「現状維持でいい」「見たくないもの、聞きたくないものは報じない」という「黙殺権」なのかもしれません。
日本には、「民主主義の守護神」となるような指導力のある政治家と、新時代のメディアを立ち上げる企業家が求められているのです。

ソクラテス的対話術による言論活動

全体主義に対抗する政治・言論・思想活動として、大川総裁は「ソクラテス的対話術」の大切さを強調しています。

粛清と、強制収容所と侵略主義的覇権主義が台頭してきたなら、その権威主義、侵略主義に対して、「自由の創設運動」を起こさねばならない。洗脳と集団催眠を多用するマスコミに対しては、ソクラテス的対話術を学んでいくべきだろう。

『政治哲学の原点』あとがき

ソクラテスの言論活動については拙著『愛と勇気のジャーナリズム』でも詳しく述べましたが、ソクラテスは衆愚《しゅうぐ》政治に陥った古代アテネで、民主主義の再生のためにソフィスト（弁論家、教育者）たちと論戦しました。その方法は、ソフィストが自分たちの心の内にある真理を発見できるようにする「産婆術《さんばじゅつ》」と呼ばれるものでした。

ソクラテスは自身を神がアテネに遣わした「虻《あぶ》」だと考え、「諸君に付き纏《まと》って諸君を覚醒させ、説得し、非難することを決してやめない」（「ソクラテスの弁明」プラトン著『ソクラテスの弁明・クリトン』46ページ）と語っていました。

現代日本で言えば、マスコミと政府による全体主義的な〝洗脳〟に対し、ブンブンとうるさくつきまとい、「自分で考えることができる」人たちをつくり出す活動ということになるでしょう。

２００９年に立党した幸福実現党や月刊「ザ・リバティ」などの幸福の科学の政治・言論・思想活動は、「ソクラテス的対話」を担えるよう努力しているものの、いまだその役割を十分果たすことができていません。

しかし、このままでは日本が「隷従への道」を突き進むしかないので、愚直にこの活動をやり続けるしかありません。

ハイエクは、こんな言葉を遺しています。

「われわれはソ連から学ぶべきことは何もない。ただ一つあるとすれば、左翼は絶えず繰り返すことを厭《いと》わない――これは真似るべきである」（渡部昇一著『朝日新聞と私の40年戦争』65-66ページ）

ちなみにハイエクはソクラテスと同様に、「人間の知性には限界がある」という「無知の知」の立場に立った人です。

日本を不幸にする「黙殺」全体主義と戦い、「隷従」から「自由」への道を開くには、飽き飽きするまで「絶えず繰り返す」しかないでしょう。

「神の心」と民主主義

一宗教や宗教政党が、マスコミによる「常識」を破ろうとしていることに、大半の日本人は違和感を覚えるかもしれません。

しかし、そもそも民主主義の源流である古代ギリシャの民主政治は、「デルフォイの神託」と共存していました。神を信じる人たちが、神の願いを実現するために、自由で責任ある討論が行われていました。

近代民主主義の原点であるイギリスやアメリカでも、各人が「これが神の心だ」と信じるものを述べあうことで、自分たちの国の運命を自分たちで決め、開いていこうという考え方が根底にあります。

アメリカ合衆国憲法にその理念が継承された独立宣言には、「すべての人間は平等に創られている（All men are created equal)」と書かれています。もちろん「神によって創られた人間」ということですが、その人間たちが神の心を探究しながら、国づくりをしてきたというのがアメリカの歴史だと言っていいでしょう。

アメリカ大統領選が宗教の祭典のように熱狂的に盛り上がるのは、「神の国をつくる」というアメリカの伝統的な意識があるためです。

民主主義の基礎に「神の心」があるのは世界の常識なので、宗教や宗教政党、宗教メディアが政治・言論・思想活動の中心に存在することをこそ、日本で常識にしていかなければなりません。

世界で「自由の創設」をするミッションがある

全体主義と戦って自由を勝ちとる活動が、日本だけにとどまっていいわけではありません。

アジアでは、中国と北朝鮮が「神などない。物しかない」という無神論・唯物論で国民の言論や信教の自由を抑圧しています。そこでは日本以上の権力とマスコミの一体化を、粛清と強制収容所という強制力でもってつくり上げています。

イスラム圏の多くの国は、イスラム教そのものが信教の自由を認めておらず、それに伴ってメディアの自由も教育の自由も認められていません。

大川総裁は『政治革命家・大川隆法』のあとがきで、これからの日本の使命についてこう述べています。

神仏の子としての誇りを手にした人々が、「自由の創設」をすることこそ、国家の持つ使命だと考える。

無神論・唯物論を助長し、自国民への弾圧と他国民への侵略を容認する政治を、世界に蔓延させるわけにはいかないのだ。日本よ、「自由の大国」を目指せ。そして「世界のリーダー」となれ。

『政治革命家・大川隆法』あとがき

日本は戦前・戦中を通じて、人種差別と共産主義という「隷従」を強いる価値観や政治体制と戦いました。中国やソ連の共産主義体制は戦後も残りましたが、人種差別の世界を終わらせ、地球規模で「自由の創設」をしました。

日本が当時掲げた「八紘一宇《はっこういちう》」の理想は戦後、「侵略思想」だとして断罪されましたが、実際は、すべての人種、宗教、民族、国などの多様性・複数性を認め、生かしていこうとする思想でした。

現在、「自由の大国」アメリカの退潮が進み、世界から徐々に〝撤退〟していくなかで、新しい「自由の大国」の登場が求められています。その使命は、国民一人ひとりが自分の意志で人生を開き、国の運命をも決めるという世界を実現しようとすることです。まさに、「自由の創設」です。

大川総裁は『「未来創造学」入門』で、自由を求める社会変革についてこう述べています。

人間は基本的に、自由を求めるものですし、自分の才能なり、努力なりが生かせる社会を求めるものなのです。（中略）

人間は、主体的に自分の人生を拓いていくことができるし、新しい社会を建設していく主役として自分の才能を発揮することができます。また、努力の積み重ねによって、職業を選択し、地位や収入を獲得し、指導者階層に入ることもできるでしょう。あるいは、そういう人たちについていく階層に入ることもありえます。
　そのための社会変革が、繰り返し繰り返し起きているのです。

『「未来創造学」入門』26－28ページ

　ここで言う社会変革とは、中国・北朝鮮に残る共産主義・唯物論に対して、「反マルクス革命」を起こすことです。そして、イスラム圏に「自由の革命」を起こすことも含まれます。そのための思想的な原動力が、今、日本を中心に説かれている幸福の科学の「自由の哲学」です。日本は、世界中に自由な政治家、言論家、思想家を育て、支援することをこれからのミッションとしたいものです。
　政府とマスコミが「黙殺権」で国民をもてあそんで、全体主義をやっている場合ではないのです。

【参考文献】

大川隆法著『「人間学概論」講義』幸福の科学出版
大川隆法著『政治哲学の原点』幸福の科学出版
大川隆法著『政治革命家・大川隆法』幸福の科学出版
大川隆法著『「未来創造学」入門』幸福の科学出版
ハンナ・アレント著『人間の条件』ちくま学芸文庫
トクヴィル著『アメリカのデモクラシー　第一巻（下）』岩波文庫
プラトン著『ソクラテスの弁明・クリトン』岩波文庫
渡部昇一著『朝日新聞と私の40年戦争』ＰＨＰ研究所

第一章、第二章、第五章担当＝**綾織 次郎**（あやおり・じろう）

1968年生まれ。鹿児島県出身。一橋大学社会学部卒。産経新聞に入社後、政治部で首相官邸、自民党などを担当し、2001年に幸福の科学に奉職。「ザ・リバティ」編集部で主に政治、国際政治などの分野を担当。現在、幸福の科学常務理事兼「ザ・リバティ」編集長兼HSUビジティング・プロフェッサー。著書に『愛と勇気のジャーナリズム』『「奇跡」の日本近代史』（HSU出版会）『GDPを1500兆円にする方法』（幸福の科学出版）などがある。HSUでは「現代ジャーナリズム研究」などの授業を担当。

第三章担当＝**里村 英一**（さとむら・えいいち）

1960年生まれ。新潟県出身。在京のテレビ局宣伝部を経て、1991年、幸福の科学に奉職。月刊「ザ・リバティ」編集長、幸福の科学グループ広報局長などを経て、現在、幸福の科学専務理事〔広報・マーケティング企画担当〕兼HSUビジティング・プロフェッサー。ネット番組「THE FACT」メインキャスターも務める。共編著に『スピリチュアル・エキスパートによる徹底検証「イスラム国」日本人人質事件の真相に迫る』（幸福の科学出版）などがある。

第四章担当＝**奥津 貴之**（おくつ・たかゆき）

1972年生まれ。法政大学文学部日本文学科卒業。1996年より幸福の科学に奉職。幸福の科学杉並支部、第一編集局を経て、現在メディア文化事業局部長兼HSUレクチャラー。ラジオ番組「天使のモーニングコール」、テレビ番組「未来ビジョン」（BS11）などの企画構成、映画「ファイナル・ジャッジメント」「神秘の法」「UFO学園の秘密」の宣伝に携わり、現在、ネット番組「THE FACT」プロデューサー。

誰がマスコミ権力を止めるのか

愛と勇気のジャーナリズムⅡ

2016年10月18日　初版第1刷

編著者　綾織 次郎　里村 英一

発行　HSU出版会
〒299-4325 千葉県長生郡長生村一松丙4427-1
TEL（0475）32-7807

発売　幸福の科学出版株式会社
〒107-0052　東京都港区赤坂2丁目10番14号
TEL（03）5573-7700
http://www.irhpress.co.jp/

印刷・製本　中央精版印刷株式会社

落丁・乱丁本はおとりかえいたします

ISBN978-4-86395-841-8 C0030

写真：© Maria Kazanova / Shutterstock.com , © Alex Valent / Shutterstock.com , © Artens / Shutterstock.com , © ixpert / Shutterstock.com , © Matej Kastelic / Shutterstock.com

「未来創造学」入門
未来国家を構築する新しい法学・政治学

大川隆法 著

政治は創造性・可能性の芸術である。「国民の幸福のために国家はどうあるべきか」を政治・法律・税制のあり方から問い直す。

政治哲学の原点
「自由の創設」を目指して

大川隆法 著

政治は何のためにあるのか。真の「自由」、真の「平等」とは何か——。全体主義を防ぎ、国家を繁栄に導く「新たな政治哲学」が、ここに示される。

法哲学入門
法の根源にあるもの

大川隆法 著

ヘーゲルの偉大さ、カントの功罪、そしてマルクスの問題点——。ソクラテスからアーレントまでを検証し、法哲学のあるべき姿を探究する。

HSUテキスト7

未来創造学入門 I(上) ★

泉聡彦 編著

未来創造学部必修授業テキスト。学部ディーンが語る、「自由からの繁栄」を実現する日本発の新たな政治モデルとは。

いずれも1,500円(税別)/★はHSU出版会、他は幸福の科学出版

綾織次郎著書紹介

「奇跡」の日本近代史
世界を変えた「大東亜戦争」の真実

★

戦前の日本は、本当に野蛮な国だったのか。日本神道やユダヤ難民問題、南京大虐殺問題など、多角的な視点で大東亜戦争を検証。学校では教わらない「本当の日本」が見えてくる。

GDPを1500兆円にする方法
「失われた25年」からの大逆転

25 年間もの間、GDP が停滞した日本経済に、三つのステップで、 無限の富をつくりだす！「ザ・リバティ」編集長による「読めば頭がよくなる」経済の入門書。

愛と勇気のジャーナリズム
「ソクラテス的人間」を目指して

★

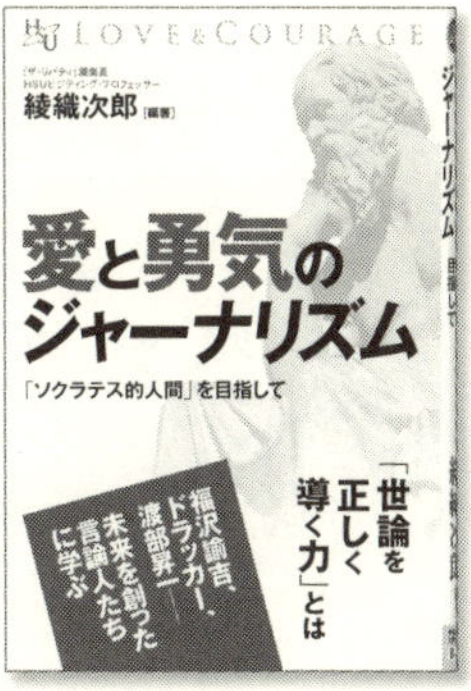

勇気をもって正論で戦う人々の気概に触れながら、ジャーナリズムの正義を探究した一書。情報の取り方・生かし方などを学ぶメディア・リテラシーについても詳述。

いずれも1,100円(税別)／★はHSU出版会、他は幸福の科学出版

幸福の科学　公式ネット番組

THE FACTは、政治や経済、人権問題等
混沌とする世界情勢に対し、独自の取材と
オリジナルな視点で取材し、マスコミが報道しない
「事実」を世界に伝える幸福の科学のネット番組です。

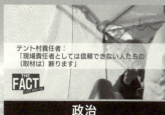

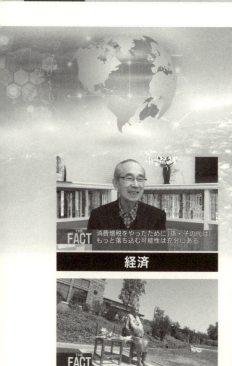

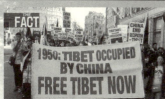

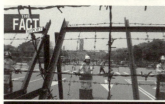

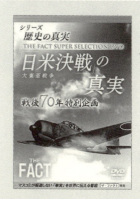

幸福の科学グループの教育事業

ハッピー・サイエンス・ユニバーシティ

HAPPY SCIENCE UNIVERSITY

**私たちは、理想的な教育を試みることによって、
本当に、「この国の未来を背負って立つ人材」を
送り出したいのです。**

（大川隆法著『教育の使命』より）

ハッピー・サイエンス・ユニバーシティとは

ハッピー・サイエンス・ユニバーシティ（ＨＳＵ）は、大川隆法総裁が設立された「現代の松下村塾」であり、「日本発の本格私学」です。
建学の精神として「幸福の探究と新文明の創造」を掲げ、
チャレンジ精神にあふれ、新時代を切り拓く人材の輩出を目指します。

住所 〒299-4325 千葉県長生郡長生村一松丙 4427-1
TEL.0475-32-7770
happy-science.university

学部のご案内

人間幸福学部

人間学を学び、新時代を切り拓くリーダーとなる

人間の本質と真実の幸福について深く探究し、
高い語学力や国際教養を身につけ、人類の幸福に貢献する
新時代のリーダーを目指します。

経営成功学部

企業や国家の繁栄を実現する、起業家精神あふれる人材となる

企業と社会を繁栄に導くビジネスリーダー・真理経営者や、
国家と世界の発展に貢献する
起業家精神あふれる人材を輩出します。

未来産業学部

新文明の源流を創造するチャレンジャーとなる

未来産業の基礎となる理系科目を幅広く修得し、
新たな産業を起こす創造力と起業家精神を磨き、
未来文明の源流を開拓します。

未来創造学部

時代を変え、未来を創る主役となる

政治家やジャーナリスト、ライター、俳優・タレントなどのスター、
映画監督・脚本家などのクリエーターを目指し、国家や世界の発展、
幸福化に貢献できるマクロ的影響力を持った徳ある人材を育てます。

キャンパスは東京がメインとなり、2年制の短期特進課程も新設します（4年制の1年次は千葉です）。2017年3月までは、赤坂「ユートピア活動推進館」、2017年4月より東京都江東区（東西線東陽町駅近く）の新校舎「HSU未来創造・東京キャンパス」がキャンパスとなります。